하루
도쿄
산책

이 책에 수록된 여행 정보는 2017년 5월을 기준으로 작성되었습니다. 운영 시간이나 쉬는 날, 가격 정보 등은 출간 이후 변동이 생길 수 있으니 이 점 유의 바랍니다. 변경된 최신 정보가 있다면 삶은책 편집부(02-749-4612 / lifeplusbook@gmail.com)로 연락주시길 바랍니다. 감사합니다.

아라카와선 타고
5000엔으로 즐기는

하루
도쿄
산책

윤선·최문아 지음

삶은책

___
들어가며

    저는 남편과 함께 '서교동언니집'이라는 인터넷 쇼핑몰을 운영하고 있어요. 주로 주방용품과 생활소품들을 판매하는데, 이런 용품들은 끊임없이 신상품이 나와요. 그래서 저희 부부는 누구보다 먼저 새로운 상품들을 소개하기 위해 자주 도쿄를 방문한답니다. 그렇게 도쿄에 가서 거래처 사람들을 만나고, 새로운 상품을 확인하고, 회의 끝에 수입할 상품들을 결정하는 일이 끝나면 휴식 같은 하루가 주어져요. 이 하루는 너무 짧고 소중해서, 도쿄에 갈 때면 늘 '하루를 어떻게 보내면 좋을까'라는 행복한 고민을 하곤 해요.

    '자주 가는데, 뭐 별거야?'라고 생각할 수도 있지만, 사실 저는 아이를 낳고 갑작스럽게 생긴 신부전으로 5년간 거의 집에서 누워만 있었어요. 그러다 언니에게 신장을 이식받았지요. 고마운 언니와 가족들의 도움으로 수술 후 일 년이 지났을 때엔 예전처럼 일을 할 수 있게 됐어요. 그리고 일 년 정도 더 지났을 때엔 여행도 다시 시작할 수 있게 되었죠.

    스무 살. 처음으로 비행기를 타고 배낭 하나 메고 유럽 11개 나라를 다닐 때에는 여행은 누구나 할 수 있는 거라고 생각했어요. 하지만 병상에서 보낸 5년 동안 누군가에겐 당연한 일이 다른 이에게는 간절히 바라도 할 수 없는 일이라는 걸 알게 되었죠. 그래서 하루하루가 제

겐 너무 감사한 날들이에요. 그리고 여행을 할 수 있는 도쿄에서의 자유로운 하루는 더욱 특별하게 다가와요.

    신장 이식 수술 후 감염 위험 때문에 사람이 많은 곳은 자연스럽게 피하게 되는데, 책과 인터넷 검색을 통해 가본 도쿄는 언제나 사람으로 붐볐어요. 그러던 어느 날, '도쿄를 조금 더 가까이에서 느낄 수 있고, 또 조금은 느릿한 발걸음으로 다닐 수 없을까?' 고민하다 새로운 여행 경로를 알게 됐지요. 그건 바로, 도쿄 도심을 다니는 유일한 노면전차인 도덴 아라카와선. 400엔을 내고 아라카와선 일일 승차권을 구매해 하루 동안 이 전차를 타고 내리며, 도쿄의 사람 사는 이야기를 들을 수 있는 특별한 여행이었어요. 이 하루가 너무 좋은 기억으로 남아 꼭 소개하고 싶다는 생각이 들었지요. 혹시 여행을 할 수 없는 상황이라도, 이 책을 만나는 것만으로 도쿄의 바람과 햇살, 그리고 오래된 추억 같은 여행을 조금이나마 느낄 수 있다면 얼마나 좋을까요?

저는 전문 여행 작가도 아니고 일본어도 능숙하지 않아요. 조금은 서툰 글이지만, 아라카와선과 함께 한 이야기가 도쿄를 색다르게 여행하려는 분들에게 도움이 되기를 바라는 마음이에요. 도쿄 여행을 처음 해보는 분이라도 이 전차 여행만큼은 헤매지 않고 다닐 수 있게 최선을 다했어요. 도쿄를 여러 번 가본 분들에게도 이 책이 그동안 느껴보지 못한 도쿄의 새로운 얼굴을 보여줄 거라 믿어요. 익숙하지만 새로운 도쿄 여행, 시작해 볼까요?

함께 다니길 좋아하고, 먹는 걸 좋아하고,
카페에서 수다 떨기도 좋아하지만,
조용히 혼자만의 시간을 원하기도 하는
누군가가 이 여행을 꼭 해봤으면.

길을 걷다 만난 고양이에게 모나카 한 조각을
나눠주며 인사를 건넬 수 있는,
어느 햇살 좋은 날 공원 벤치에 앉아
시즈코 모리의 음악을 들으며
잠시 생각에 잠길 수 있는 여유를 가진,

그런 분의 가방 안에
이 작은 책이 담겨 있기를.
여행을 마치고 나서도
이 한 권의 여행 이야기가
오래도록 추억이 되기를 바랍니다.

차례

- 4 들어가며
- 14 전차 탈 준비

첫 번째 정거장
- 24 미노와바시(三ノ輪橋)역

두 번째 정거장
- 54 아라카와니초메(荒川二丁目)역

세 번째 정거장
- 70 마치야에키마에(町屋駅前)역

네 번째 정거장
- 84 아라카와유엔치마에(荒川遊園地前)역

다섯 번째 정거장
- 114 아라카와샤코마에(荒川車庫前)역
  가지와라(梶原)역

128　여섯 번째 정거장
　　오지에키마에(王子駅前)역

154　일곱 번째 정거장
　　다키노가와잇초메(滝野川一丁目)역

166　여덟 번째 정거장
　　고신즈카(庚申塚)역

188　아홉 번째 정거장
　　오쓰카에키마에(大塚駅前)역
　　무코하라(向原)역

202　열 번째 정거장
　　기시보진마에(鬼子母神前)역

218　열한 번째 정거장
　　오모카게바시(面影橋)역

234　열두 번째 정거장
　　와세다(早稲田)역

250　마치며

전차 탈 준비

도덴 아라카와선

소박한 먹거리를 즐길 수 있고, 백발의 노인을 많이 볼 수 있고, 원하는 곳에서 언제든 쉬어갈 수 있는 도쿄에서의 하루. 이 여행은 일일 승차권도, 음식도, 놀이동산도, 모든 가격이 저렴해 하루 5000엔으로 충분히 누릴 수 있어요. 이 특별한 하루를 가능하게 해주는 주인공이 바로 '도덴 아라카와선(都電荒川線)'이랍니다.

아라카와선은 전기를 이용해 도로의 레일을 따라 운행하는 노면전차예요. 미노와바시(三ノ輪橋)역에서 와세다(早稲田)역까지 이어지는 전 구간은 30개 역으로 이루어져 있어요. 한 시간 남짓 걸릴 정도로 운행 시간이 짧지만 중간중간 내려서 마주치는 도쿄의 거리는 일상에 지친 몸과 마음을 설레게 해준답니다. 특히 아라카와 전차 노선 주변에 핀 13,200그루의 풍성한 장미는 이 여행을 더없이 기분 좋게 만들어 줘

요. 아라카와선의 상징이기도 한 장미는 5월과 6월, 그리고 10월과 11월에 활짝 피어요. 물론 그 외의 기간에 여행을 가더라도 전찻길 주변의 운치는 충분히 정감 있고 따뜻하답니다.

아라카와 전차 역사

도쿄의 도시전차 역사는 1911년 도쿄(현재는 도쿄도로 명칭 변경)시가 도쿄철도주식회사로부터 노면전차 사업을 인수하면서 시작되었어요. 213km라는 긴 구간을 운행하던 초기 노면전차는 하루 193만 명이 이용할 정도로 인기가 있었어요. 하지만 1923년 관동대지진과 전쟁으로 인해 기본 시설이 많이 훼손되었다고 해요. 가까스로 복구를 했지만 이번에는 버스, 지하철, 자동차가 증가하면서 전차 노선이 점차 폐지

되었는데, 다행히 아라카와선은 계속 다니게 되었어요. 아라카와선이 대부분 전용궤도를 사용해 다른 교통수단에 방해가 되지 않았고, 주민들의 계속된 폐지 반대 요청도 있었기 때문이었죠. 현재 12.2Km를 달리는 아라카와선은 하루 5만 명 정도가 이용해요. 친환경 교통기관이자 장애인, 노약자도 이용하기 쉽게 만든 승강장 역시 아라카와선의

자랑이죠. 지역 주민들의 사랑을 듬뿍 받는 아라카와 전차는 2017년 4월, '도쿄 사쿠라 트램(Tokyo Sakura Tram)'이라는 애칭이 붙었어요. 다양한 매력을 지닌 아라카와 전차를 적극적으로 알리려는 도쿄도 교통국의 아이디어라고 하네요.

아라카와선 타기

아라카와선은 어디든 원하는 역에서 탈 수 있어요. 버스처럼 앞문으로 타서 전차비를 내고, 내릴 땐 뒷문을 이용하지요. 일본의 100엔은 우리나라 돈 약 1,000원(2017.5월 기준) 정도로 환산할 수 있는데, 일회권을 사려면 어른은 170엔, 아이는 90엔을 내야 해요. 스이카(충전식 교통카드)도 사용이 가능하죠. 하루 동안 여행을 한다면, 3번 이상 아라카와선을 타고 내려야 해서 일일 승차권을 사는 게 좋아요. 일일 승차권 가격은 어른은 400엔, 아이는 200엔이에요.

전차에 올라탄 후 차장님께 "이치니치켄구다사이(一日圏ください/일일 승차권 주세요)."라고 말하면 일일 승차권을 받을 수 있어요. 이때 미리 계산해서 준비한 동전을 내면 된답니다. 두 번째 탈 때부터는 간단히 승차권을 보여주기만 하면 돼요. 이 승차권 한 장이면 하루 동안 어디서든 전차를 내렸다 탈 수 있고, 아라카와 유원지도 무료입장이 가능해요. 하루 내내 아라카와 여행을 하다 보면 이 일일 승차권이 얼마나 고마운지 몰라요.

처음 전차를 타면 제일 앞자리에 앉아 보세요. 차장님의 노련한

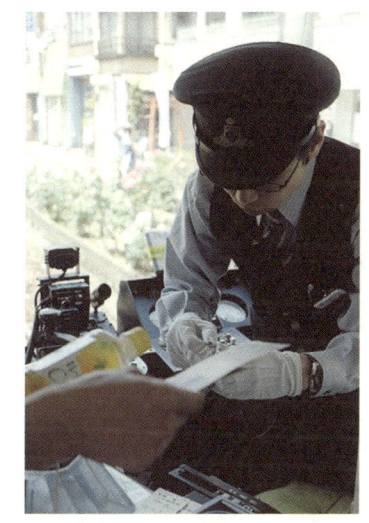

 손놀림을 따라 움직이는 전차를 느끼기엔 앞자리가 최고거든요. 한적한 동네 풍경도 동영상에 담아 본다면 더 좋겠죠? 아라카와 전차에서 바라보는 전찻길 옆 풍경은 익숙하면서도 감춰져 있던 도쿄의 새로운 얼굴을 느끼게 해준답니다.

 전차를 두 번째 탈 때는 제일 뒤로 가서 앉아 보세요. 전차가 지나간 뒤 전찻길과 점점 멀어져 가는 풍경을 오래도록 감상할 수 있어서 좋아요.

 전차를 타고 조금 있으면 스르륵 철컥, 하고 문이 닫혀요. 뒤이어 한 칸짜리 전차 안에 차장님의 친절한 안내 음성이 나지막이 울리면

전차 탈 준비

전차가 서서히 움직여요. 덜컹이며 한가롭게 달리는 전차는 도쿄의 진면목을 즐기는 멋진 방법이에요.

전차 내부를 구경하고, 뒤쪽 차장석 사진도 찍다 보면 내려야 할 역을 알리는 방송이 나와요. 내리는 역 이름이 울려 퍼지면, 정차 버튼을 눌러요. 그러면 '토마리마스(とまります/정차합니다)'라는 빨간 글자가 나오죠. 여기저기 붙은 정차 버튼 중 가장 가장 가까운 버튼을 누르고 뒷문 앞에 섰다가 문이 열린 후 내리면 된답니다.

전차를 탈 때엔 역사 위에 적힌 방향을 잘 봐야 해요. 와세다 방면인지, 미노와바시 방면인지. 한쪽 방향으로만 간다면 내린 곳에서 다시 타면 되지만, 여행 순서를 바꾼다면 전차 방향을 꼭 확인하고 타야 해요. 미노와바시역에서 와세다역 방향으로 가는 첫 전차는 새벽 5시 48분(TOEI TRANSPORTATION 공식 홈페이지 참고)에 있어요. 마지막 전차는 오후 11시 14분에 있지만 전차 차고지가 있는 아라카와샤코마에역까지만 운행한답니다.

반대로 와세다역에서 미노와바시역을 향해 출발하는 전차는 새벽

6시(동일 기준)가 첫 전차예요. 오후 11시 4분에 출발하는 마지막 전차 역시 아라카와샤코마에역까지만 다녀요. 두 방향 모두 사람들이 많이 이용하는 오전 10시부터 오후 3시까지는 5~6분 간격으로 전차를 운행한답니다.

각 역에는 다음 전차가 어디쯤 오는지 알려주는 전광판이 설치되어 있어요. 전차 그림이 이동하는 걸 보면서 언제쯤 전차가 들어올지 알 수 있지요. 빠르면 2~3분, 늦어도 5~6분 안에 다음 전차가 들어와요. 전차를 기다리는 잠깐 동안 역 주변 풍경을 사진에 담아 본다면 그 시간이 더 풍성해질 거예요.

미노와바시역부터 시작

미노와바시역에서 와세다역까지 이어진 노면전차 노선을 따라 돌아보는 이 여행은 전체 30개 역 중 12개 역에서 내려 잠시 머물 거예요. 시간을 효율적으로 사용하려면 미노와바시역에서 여행을 시작하는 게 좋아요. 와세다대학 근처는 밤에도 영업하는 곳이 꽤 있는 반면, 미노와바시의 상점가는 일찍 문을 닫거든요. 그래서 저도 아라카와 여행 이야기를 미노와바시부터 시작하려 해요. 각 장에 나오는 가게 정보는 현지 사정에 따라 달라질 수 있다는 점도 미리 알려 드려요.

첫 번째 정거장

미노와바시역
三ノ輪橋

미노바와시역

三ノ輪橋

미노와바시역 둘러보기

1. 히비야 라인 미노와역(H19) 3번 출구로 나와 오른쪽으로 꺾은 후 직진해요.
2. 음반 가게 앞 횡단보도를 건너 아라카와선 입구 표지판이 걸린 길로 들어가요.
3. 미노와바시역을 둘러보고 JOYFUL MINOWA 간판을 지나 쭉 펼쳐진 시장을 구경해요.
4. 시장 끝에서 왼쪽으로 꺾은 후 JOYFUL MINOWA 간판 아래로 나와 전찻길을 건너요.
5. 아라카와잇추마에역에서 와세다 방면 아라카와 전차를 타요.

미노와바시역		아라카와니초메역
三ノ輪橋	▶▶▶	荒川二丁目

설렘 가득한
아라카와 여행의 시작

    햇살 따사로운 날, 미노와바시역의 아치형 입구 앞에 서면 만화 속 한 장면에 들어온 듯한 착각이 들어요. 이곳에서는 지팡이를 짚은 할머니가 사진기를 목에 걸고 다니는 모습이 너무나 자연스러워요. 여기저기 앉아 햇볕을 즐기는 분들과 쉴 새 없이 사진을 찍는 할아버지, 자전거 뒤에 아이를 태우고 어딘가로 향하는 젊은 엄마의 모습이 도쿄 아라카와 여행의 시작을 따뜻하게 만들어 준답니다. 정겨운 미노와바시 사람들을 보면서 이곳에 있다는 사실에 또 한 번 감사하게 돼요. 여행은 살아있다는 걸 느끼게 해주는 가장 큰 선물이니까요.

오래된 미노와바시역 앞에 서 있으면 저절로 행복한 미소가 흘러나와요. 이른 아침 시원한 바람을 맞으며 바라보는 한적한 미노와바시도 좋고, 한낮의 북적이는 미노와바시도 좋답니다. 해가 진 후 불을 밝힌 미노와바시는 평온한 느낌마저 들어요. 이렇듯 시간과 계절에 따라 전혀 다른 느낌을 주는 미노와바시역은 매번 새롭게 다가와요. 나무로 만들어진 기둥과 의자, 나무 울타리에 걸린 옛날 포스터에서는 오랜 시간의 흔적이 느껴지죠. 그래서인지 미노와바시역은 언제 가도 아늑해요. 이곳에서 시작하는 하루의 전차 여행도 기분이 좋겠죠?

재래시장 조이풀 미노와

미노와바시역 입구에 있는 작은 서점 옆길로 걷다 보면, 사이사이 골목길이 참 예뻐요. 조금만 더 들어가면 왼쪽으로 미노와바시의 재래시장인 조이풀 미노와가 시작된답니다. '조이풀 미노와 카드'라고 적힌 분홍색 깃발은 조이풀 포인트 카드를 사용할 수 있는 매장이라는 표시예요. 이 깃발이 있는 매장에서 음식이나 물건을 사면 포인트를 받을 수 있어요. 100엔을 계산하면 하트 1개를 포인트로 주는데, 하트 80개(80,000원 상당 구매)를 모으면 500엔을 현금처럼 쓸 수 있어요. 분홍 깃발이 있는 매장에 들어가 물건을 구입하고 **"조이푸루카―도구다사이(ジョイフルカードください/조이풀 카드 주세요)."** 라고 말하면 구매 금액에 해당하는 하트가 찍힌 예쁜 조이풀 포인트 카드를 받을 수 있답니다. 종이가 아니라 부드러운 느낌의 플라스틱 카드여서 아라카와 전차 여행 다이

어리의 북마크로 사용해도 좋아요.

이제 먹거리를 찾아 나서 볼까요? 520m에 달하는 조이풀 미노와 거리에 들어선 가게들은 상품 가격이 저렴한 편이어서 원하는 걸 마음껏 먹을 수 있어요.

제일 먼저 눈에 띄는 어묵 가게에서 150엔을 내면 깻잎 어묵 다섯 개를 준답니다. 주문하면 바로 나오는 어묵은 따뜻해서 정말 맛있어요. 그런데 시식으로 나온 카레 어묵이 더 맛있는 건 기분 탓일까요? 사지 않아도 넉넉히 시식 거리를 주는 사장님 덕분에 첫 가게부터 신이 나요.

다음은 반찬 가게. 오전의 미노와바시는 장을 보러 나온 분들로 북적거려요. 일본도 혼자 사는 노인들이 늘어나면서 도시락으로 식사를 해결하는 분들이 많아졌어요. 그래서인지 이곳에서도 다양한 도시락과 반찬을 저렴한 가격에 판매한답니다.

'280엔짜리 도시락 맛은 어떨까?' 궁금한 마음에 도시락을 하나 구매한 뒤 반찬 한 팩과 어묵, 고로케를 담았어요. 그리고 반찬 가게 옆 작은 테이블에 앉아 소박한 아침식사를 했답니다. 30엔짜리 고로케는 맛이 정말 훌륭했는데 도시락은 편의점 도시락이 더 맛있어요.

식사를 간단히 마치고 들른 과일 가게는 마치 조형물을 전시해 놓은 듯해요. 포장이 너무 예뻐서 보기만 해도 기분이 좋아요. 하지만 '귤 여섯 개를 담는 포장비 대신 귤 한 개를 더 준

다면 감사할 텐데…'라는 생각이 드는 건 왜일까요?

들고 다니면서 먹기 좋은 귤은 특히 겨울엔 단맛이 강해 여행의 피로를 싹 날려줘요. 씻지 않고 바로 먹을 수 있는 과일 몇 가지를 사서 중간중간 먹으면 좋아요.

이 길에는 다이소처럼 저렴한 가격으로 물건을 파는 100엔샵도 있고, 정성스런 포장이 눈에 띄는 과자 가게도 있어요. 교자 여덟 개에 300엔을 받는 교자 가게와 곤약 가게, 야끼소바가 들어간 핫도그 가게와 방앗간도 있지요. 재미있는 가게들을 구경하다 보면 시간 가는 줄도 모르고 걷게 된답니다.

3대째 이어오는 토리후지

이곳 가게들은 대부분 10년 이상 된 오래된 점포예요. 그 가운데 토리후지(とりふじ)는 1940년대에 문을 연 후 3대가 함께 일해 온 튀김 전문 가게랍니다. 이른 아침부터 진열대를 가득 채운 튀김에서 풍겨 나오는 고소한 냄새가 지나가는 이들의 발길을 끌어당겨요.

모든 튀김 종류를 다 맛볼 수는 없겠지만 세 개에 210엔인 피망 고기튀김은 피망의 향과 고기의 육즙이 잘 어우러져 입안에 넣자마자 "음~" 소리가 절로 나온답니다. 감자와 소고기가 들어간 180엔짜리 고로케는 바삭한 튀김옷 사이로 으깬 감자가 입안을 부드럽게 해주면서 소고기의 육즙도 맛볼 수 있어요.

토리후지를 보면 100년 가까운 시간 동안 한 가지 일을 꾸준히 하

면서 대를 잇는다는 게 요즘처럼 변화가 심한 세상에 얼마나 대단한 일인지 새삼 느껴요. 한국의 경우 일제강점기나 성급한 경제 성장을 거치며 전통이 담긴 가게들이 훼손되었죠. 이런 모습을 많이 볼 수 없는 우리의 현실이 너무 안타까워요.

토리후지 とりふじ

♡ 도쿄도 아라카와구 미나미센주 1-30-8
⊙ AM 8 ~ PM 8   ✓ 쉬는 날 : 월요일

담백한 소바가 일품인 스나바

튀김 가게에서 나와 다음으로 가볼 곳은 소바 전문 가게 스나바(すなば)예요. 스나바는 사라시나, 야부와 함께 일본의 3대 소바 가게로 꼽히는 스나바 계열에 속하는 가게예요. 스나바 계열의 소바 가게도 이제 두 곳만 남았는데, 다행히 미노와바시에 그 중 하나가 있답니다.

650엔짜리 기본 소바를 주문한 후 가게 구석구석을 구경하는 것도 이 여행에서 빼놓을 수 없는 재미예요. 오랜 시간의 흔적을 그대로 지닌 물건들은 구경만으로도 매우 즐겁답니다.

하루는 스나바의 14대 주인이자 현재 사장님이 1584년에 시작된 스나바 이야기를 들려주셨죠. 400년 넘는 시간을 지나온 이야기를 전부 설명할 수는 없지만, 정중한 모습으로 많은 이야기를 들려주려는 사장님의 모습에서 행복과 자부심이 느껴졌어요.

그 이야기를 들으며 다시 가게 안을 보니, 오래된 앨범 재킷과 장식품 등 스바나만의 역사와 사연을 담은 의미 있는 물건들이 눈에 들어왔어요. 예전 모습을 잘 유지해서인지 1954년에 지어진 이 건물은 아라카와구 문화재로 지정되었다고 해요.

한참을 이야기하다 보니 소바가 나왔어요. 츠유(소바용 조리 간장)에 찍어 먹는 소바의 부드러운 맛이 참 좋아요. 일본의 다른 가

스나바 14대 주인이자 현재 가게를 운영 중인 사장님(위). 60년 전, 근처에서 유학 생활을 했던 독일 학생들의 이름이 적힌 빛바랜 종이가 붙은 화장실 문 위.

첫 번째 · 미노와바시역

게에서 소바를 먹을 때는 강한 츠유의 간 때문에 그다지 맛있다는 생각을 못했는데, 스나바에서는 적셔 먹어도 될 만큼 츠유가 연해서 먹기 편해요.

면발을 중요하게 생각하는 스나바는 홋카이도산 순수 메밀의 안쪽 하얀 부분만 갈아 만들어서 소바의 색이 하얗고, 양도 적게 나온다고 해요. 메밀을 여러 번 갈아서 더 부드럽고, 목 넘김도 좋지요.

소바를 다 먹고 나면, 메밀을 씻어 끓인 소바유가 나와요. 남은 츠유에 소바유를 따라 섞어 마시는데, 짭짤하면서도 구수한 맛이 숭늉을 마신 듯 입가심을 해줘요.

추운 날엔 스나바에서의 술 한잔도 꽤 괜찮아요. 속을 따뜻하게 해주는 술 한잔과 생와사비를 갈아 바삭한 김에 싸서 먹는 안주의 조합이 일품이에요. 김이 들어 있는 나무함 아래에는 숯이 피워져 있어 다 먹을 때까지 김을 바삭하게 만들어 줘요. 이 나무함은 오래된 소바 가게에만 있는 도구여서 흔히 볼 수 없다고 하네요. 함을 열고 닫을 때의 부드러운 느낌을 잊을 수가 없어요.

메밀로 만든 장아찌는 스나바의 또 다른 별미인데, 별로 짜지 않으면서 달달해요. 단단한 식감도 좋아서 그릇을 깨끗이 비우게 된답니다. 스나바는 소바도 맛있지만, 안주에 반해 다시 찾게 되는 가게예요.

한참을 걸어 나올 동안 인사를 해주는 사장님의 마음이 따뜻하게 다가와요. 시간 여행을 하는 것처럼 건물이 지어진 1954년으로 돌아가 스나바에 앉아 있다고 생각하고 소바와 사케, 그리고 메밀 장아찌 한 접시를 먹어보는 건 어떨까요?

스나바 すなば

♡ 도쿄도 아라카와구 미나미센주 1-27-6
⊙ AM 10:30 ~ PM 8   ✓ 쉬는 날 : 목요일

650엔짜리 기본 소바와 남은 츠유에 소바유를 따르는 모습(위). 생와사비, 오래된 나무함에 담긴 김, 김을 바삭하게 만드는 숯, 메밀로 만든 장아찌(왼쪽부터).

첫 번째 · 미노와바시역

매일 커피 볶는 파파노에루

스나바에서 나오자마자 보이는 파파노에루(ぱぱ・のえる)는 매일 생두를 볶는 원두 가게이자 카페예요. 커피를 볶는 오전에 가게 앞을 지나면 잔잔히 퍼지는 커피 향에 잠시 걸음을 멈추게 되죠.

파파노에루 사장님은 1984년부터 커피 볶는 기계와 원두를 어깨에 메고 배달을 다녔다고 해요. 어깨에 원두 자루를 짊어진 모습이 마치 산타클로스 같다는 이야기를 종종 들었는데, 파파노에루(Papa Noel-크리스마스의 아버지라는 뜻으로 산타클로스를 지칭하는 말)라는 가게 이름도 그런 이유로 탄생했다고 해요. 힘든 시기를 잘 넘긴 덕분에 이제는 신문이나 잡지에도 실릴 정도로 파파노에루는 인기가 높아졌답니다.

　280엔짜리 향이 좋은 커피 한 잔과 170엔짜리 버터가 듬뿍 올라간 토스트를 시키면 가게 안에서 한참 쉴 수 있어요. 실내 자리는 다섯 개 의자가 전부인 데다 화장실은 키가 크면 문을 닫을 수 없을 정도로 작아요. 하지만 파파노에루에는 아지트에 온 것 같은 포근함이 있어요. 아마 상냥하고 친절한 사장님 덕분이기도 하겠죠?

　매일 오전에 볶는 기본 원두는 200g에 800엔이고, 미노와바시 전차 브랜드 원두는 200g에 1020엔이에요. 여행이 끝나고 집으로 돌아가 이 원두로 내린 커피를 마실 즈음엔, 원두가 내는 향이 정말 깊고 풍성할 것 같아요. 합리적인 가격이라 선물로 한가득 담아 기분 좋게 나

올 수 있어요.

파파노에루에서는 아라카와선 일일 승차권도 구매할 수 있어요. 이곳에서 색다른 일일 승차권을 구매해 아라카와 전차를 타보는 일도 분명 즐거운 경험이 될 거예요.

1020엔짜리 미노와바시 전차 브랜드 원두(200g), 450엔으로 즐길 수 있는 토스트와 커피, 800엔에 10개가 들어있는 드립백 커피(왼쪽부터).

파파노에루 ぱぱ・のえる
- 도쿄도 아라카와구 미나미센주 1-19-2
- AM 10:30 ~ PM 7
- 쉬는 날 : 일요일(다른 요일도 가끔 쉼)

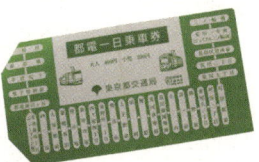

색다른 모양의 아라카와선 일일 승차권.

일본 전통 찻집 월광

월광(月光)은 1인 1메뉴가 원칙인 일본식 찻집이에요. 일본 찻집 100선에 소개된 이 가게는 생강이 들어간 팥죽이 유명해요.

한국에서 맛보던 팥죽을 생각하며 음식을 주문한다면, 처음 보는 순간 '이게 뭐지?'라는 생각이 들 수도 있어요. 멀건 물에 동동 띄워진 팥을 보며 저 역시 잘못 들어왔다는 후회가 들었죠. 그런데 맛을 보고는 생각이 달라졌어요. 꽤 달기는 했지만, 치즈처럼 늘어지는 떡과 팥의 조합이 잘 어울렸어요. 말캉한 식감도 좋았고요.

무엇보다 월광은 차 맛이 좋아서 손님이 많은 게 확실해요. 전통 찻집답게 차의 향과 맛이 풍부하거든요. 볶아서 달인 엽차인 호지차가 팥과 떡으로 달달해진 입안을 깨끗하게 정리해 주고 온몸을 따뜻하게 만들어 준답니다.

월광 月光
♀ 도쿄도 아라카와구 미나미센주 1-22-7
⊙ PM 12 ~ PM 7   ✓ 쉬는 날 : 수요일

생강이 들어간 월광 단팥 죽과 차 세트는 820엔 (왼쪽), 시골 단팥죽과 차 세트는 700엔.

조이풀 미노와를 나오며

조이풀 미노와는 재래시장이지만 깔끔하고 정돈된 느낌이 들어요. 저마다 특징이 담긴 가게들은 아라카와선과 잘 어울리는 도쿄 외곽의 재래시장을 보여주기에 충분하죠.

하루는 조이풀 미노와를 천천히 걷다 아주 멋진 분을 만났어요. 백발이 아름다운 남성이 스나바 앞에 앉아 조이풀 미노와의 풍경을 그리는 중이었지요. 이분의 눈에 담긴 미노와는 더없이 따뜻하게 그려졌어요. 한참 동안 멈춰서 그림이 완성되는 걸 지켜봤답니다.

이제 다음 역으로 가볼까요? 조이풀 미노와의 가게들이 끝나는 지점에서 왼쪽을 보면 아라카와 전찻길이 보여요. 전차를 타지 않고 한 정거장을 걸어온 셈이에요. 이곳에 있는 아라카와잇추마에역에서 전차를 타고 두 정거장을 지나면 두 번째 목적지인 아라카와니초메역이 나온답니다.

두
번째
정거장

아라카와니초메역
荒川二丁目

아라카와니초메역
荒川二丁目

아라카와니초메역 둘러보기

1. 아라카와니초메역에 내려 전찻길 사이에 있는 건널목을 건너요.
2. 왼쪽에 있는 오르막길을 따라 공원 안으로 들어가요.
3. 연못 근처에 있는 큰 시계 뒷길로 걸어가 내리막을 지나 큰 나무길 사이로 가요.
4. 정화 시설을 가로지르는 긴 다리를 건너서 내려온 후 초록색 문으로 나와요.
5. 아라카와나나초메역이 보이면 횡단보도를 건너서 와세다 방면 아라카와 전차를 타요.

미노와바시역	▶▶▶	**아라카와니초메역**	▶▶▶	마치야에키마에역
三ノ輪橋		荒川二丁目		町屋駅前

상쾌한 공기 마시며
아라카와 자연공원 산책하기

 아라카와니초메역에 내려 전찻길 사이를 건널 때 잠시만 멈춰 보세요. 아라카와선이 특별한 기억으로 남는 이유 중 하나가 바로 이 길 때문이거든요. 전찻길 위에서 찍은 사진이 참 예쁘게 나와요. 아마 10년 전이라면, 하늘하늘한 원피스를 입고 이 철로 위에 서서 멋진 포즈를 취한 사진을 담았을 거예요.

 전찻길을 건너 '아라카와 자연공원'이라는 표지판 방향을 따라 비탈길을 올라가면 공원 입구가 나와요. 오르막이 힘들다면 왼쪽으로 난 좁은 길로 들어가 엘리베이터를 이용할 수도 있답니다.

계절별 느낌 다른
아라카와 자연공원

아라카와 자연공원(荒川自然公園)은 1974년, 도쿄도 하수도 물재생센터에 인공지반을 만들어 설치한 공원이에요. 이곳에는 인공연못과 여러 종류의 나무가 있어서 곤충과 조류 등 다양한 생물이 서식하지요.

미노와바시의 가게들이 대부분 오전 10시에 문을 열기 때문에 아침 일찍 이 공원에 들렀다 미노와바시로 돌아가는 동선도 좋아요. 이른 아침 아라카와 자연공원의 공기는 맛있다는 표현이 어울릴 만큼 깨끗하고 신선하거든요. 그렇게 아침 공기를 한껏 들이마시며 공원을 걷는다면, 상쾌한 하루를 알리는 준비 운동이 되지 않을까요?

봄의 아라카와 자연공원은

벚꽃이 가득해 사랑스럽고, 여름은 짙은 초록이 드리워져 시원함을 주지요. 가을에는 색색의 단풍들이 화려함을 자랑하고, 겨울은 어딘지 모르게 잔잔해요.

공원 중앙에 있는 연못은 보는 시간과 방향에 따라 저마다 다른 멋을 내요. 아침에 가면 스카이트리가 보이는 의자에 앉으면 좋아요. 해질녘에 간다면 곱게 물드는 서쪽 노을을 감상하기 위해 정자 의자에 앉아 연못을 보는 게 좋답니다.

아라카와 자연공원의 탁 트인 공간은 마음속을 무겁게 누르던 것들을 다 내려놓고 편히 쉴 수 있게 해줘요. 텀블러에 맛있는 차를 준비해 간다면, 그리고 정겹게 이야기를 나눌 누군가와 함께라면 이곳에서 한참을 머물러도 좋을 거예요.

작은 연못의 동쪽 의자에 앉아
시즈코 모리(Shizuko Mori)의
피아노 연주를 들으면 기분이 좋아진답니다.

sunny   oh, 봄   hello sunshine

두 번째 · 아라카와니초메역

놀이터를 지나 다리를 건너

아라카와선이 지나다니는 지역에는 아스카야마공원과 간센엔공원, 친수공원 등 예쁜 공원이 많아요. 그래서 시간이 부족하다면 아라카와 자연공원에서는 연못 주위만 한 바퀴 돌고 나와도 돼요.

물론 여유가 있다면 공원 북쪽도 보고 가면 좋아요. 북쪽 구역에는 놀이터도 있고, 물을 맑게 만들어 주는 정화 시설도 있어요. 게다가 다음 역인 아라카와나나초메(荒川七丁目)역과 연결되어 있어서 갔던 길을 돌아 나올 필요가 없다는 것도 장점이에요.

놀이터는 규모가 크지는 않지만, 빨간색 미끄럼틀과 파란색 정글짐, 그네가 함께 있어요. 여기서 뭐가 더 필요할까 싶은 이곳은 아이처럼 신나게 놀 수 있는 장소랍니다.

놀이터를 지나면 왼쪽으로 큰 정화 시설을 가로지르는 다리가 보여요. 공원을 찾은 어느 날, 양쪽으로 흐르는 물을 다스리는 듯한 손동작을 펼치며 다리 위를 신나게 걸어가는 할아버지의 뒷모습을 봤어요.

힘이 넘쳐 보이는 할아버지를 멀리서 바라보다가 다리 앞 작은 표지판이 눈에 들어왔죠. 이 다리를 건너면 아라카와니초메의 다음 역인 아라카와나나초메가 나온다는 설명이 어찌나 반갑던지. 생각지도 않은 곳에서 만난 지름길 덕분에 발걸음이 조금 더 가벼워졌어요.

다리를 건너 오른쪽 계단으로 내려가면 넝쿨 가득한 담쟁이길이 나와요. 햇볕과 그늘이 적당히 어우러진 깨끗한 뒷골목을 조금 걷다 보면 왼쪽으로 작은 입구가 나오고, 아라카와나나초메역 표지판이 보여요. 더 가다가 차도가 나왔을 때 왼쪽을 보면 아라카와나나초메역이 있어요. 지름길에서 만난 예쁜 골목길은 여행에서 덤으로 얻는 선물 같아요.

두 번째 · 아라카와니초메역

전기선이 얼기설기 거미줄처럼 엮인 파란 하늘과 그 선에 묶여 들어오는 초록의 노면전차는 아라카와나나초메역과도 잘 어울려요.

이른 아침도, 해지는 저녁도 나름의 멋이 숨 쉬는 아라카와 자연공원은 무료로 개방되어 있어 누구나 편하게 다녀갈 수 있어요. 넉넉잡아 한 시간이면 공원을 다 돌아볼 수 있답니다.

아라카와 자연공원 荒川自然公園

◯ 도쿄도 아라카와구 아라카와 8-25-3
◉ 4월~10월 : AM 6 ~ PM 7시 / 11월~3월 : AM 7 ~ PM 5
✓ 쉬는 날 : 1·3주 목요일(공휴일인 경우 다음날), 12월29일~1월3일

세 번째 정거장

마치야에키마에역
町屋駅前

마치야에키마에역
町屋駅前

마치야에키마에역 둘러보기

1. 마치야에키마에역에 내려 전찻길을 가로지른 후 횡단보도를 건너서 쭉 걸어요.
2. 세븐일레븐을 오른쪽에 두고 골목으로 들어가요.
3. 꽃집과 학교 사이로 난 길을 계속 걸어요.
4. 막다른 길에서 오른쪽으로 꺾어 들어가면 스즈키제작소가 나와요.
5. 왔던 길을 되돌아 나와 내렸던 곳에서 아라카와 전차를 타요.

아라카와니초메역	▶▶▶	**마치야에키마에역**	▶▶▶	아라카와유엔치마에역
荒川二丁目		**町屋駅前**		荒川遊園地前

느긋하고 편안한
동네 사랑방 같은 카페

    마치야에키마에(町屋駅前)역은 조금 번화한 느낌을 줘요. 그렇지만 이 역에 내려서 찾아갈 스즈키제작소(鈴木製作所)는 동네 사랑방 같은 분위기지요. 갈림길이 몇 번 있기는 하지만 지도를 보면서 가면 쉽게 찾을 수 있어요. 약간은 허름한 건물을 보자마자 '아~ 이게 뭐야~'라고 생각할 수 있지만, 가까이 다가가 스즈키제작소 입구에 서면 분명 오길 잘했다는 생각이 들 거예요.

    스즈키제작소는 연세가 지긋한 분들이 모닝 세트를 즐기며 이런저런 이야기를 나누는 모습을 보는 것만으로도 마음이 따뜻해지는 곳

이에요. 사실 이 카페는 그다지 고급스럽지도 멋스럽지도 세련되지도 않아요. 단지 편안한 분위기가 좋아 손님이 끊이지 않는 것 같아요. 2010년에 문을 연 스즈키제작소는 그리 오래되지 않은 카페지만, 동네 어르신들께는 꽤 인기 있는 장소임에 틀

림없답니다.

　어르신들이 눈치 보지 않고 언제든 편하게 찾을 수 있는 카페. 언젠가는 꼭 그런 카페를 차려보고 싶었는데 스즈키제작소가 바로 그랬어요. 나이가 들어도 예쁘고 곱다는 말에 한없이 수줍어하며 미소 짓는 할머니와 멋있다는 말에 허리를 세우고 어깨를 펴는 할아버지를 보면, 나이는 숫자에 불과하다는 걸 다시금 깨닫게 돼요. 몸은 늙어가도 마음은 소년 소녀 같은 분들. 공원 말고는 그분들이 편히 갈 곳이 별로 없다는 사실이 마음 아프기도 해요.

　하지만 스즈키제작소는 달라요. 이곳은 나이가 든 사람들이 젊은 사람들보다 더 우아하고 품격있게 삶을 즐길 수 있는 여유를 가졌음을 보여준답니다.

골라 먹는 재미

스즈키제작소는 주문을 받은 다음 음식을 정성스럽게 만들기 때문에 기다리는 시간이 조금 걸려요. 그래서 카페에 들어가자마자 주문을 바로 하는 게 좋아요. 오전 9시부터 12시까지는 300엔짜리 모닝 세트를 주문할 수 있는데, 음료와 빵을 합쳐서 이 가격이니 이곳을 좋아하지 않을 수 없겠죠? 오전 11시부터 오후 2시까지 주문할 수 있는 런치 세트인 카레나 스프 또는 함박 스테이크의 가격은 800엔이에요. 스즈키제작소의 음식은 전부 맛있어서 어떤 선택을 해야 할지 늘 고민스러워요. 그래서 저희는 모닝 세트와 런치 세트를 모두 맛볼 수 있는 오전 11시에서 12시 사이 이곳을 찾아간답니다.

모닝 세트에 나오는 빵은 겉은 바삭하고 안은 부드러워요. 가염 버터만 가볍게 발라 구워서 담백하면서도 맛있지요. 바삭하면서도 부

드러운 식감의 조화에 감동받아 빵만 추가로 주문하기도 해요. 빵을 더 먹고 싶을 땐, "팡-히도츠구다사이(パン つください/빵 하나 더 주세요)."라고 말하면 돼요. 빵을 추가하는 가격은 100엔이랍니다.

800엔짜리 런치 세트는 음료와 샐러드, 주 메뉴 한 가지가 함께 나와요. 카레와 곁들여 먹는 삶은 아스파라거스와 감자 샐러드의 담백함도 좋지요. 모닝롤을 잘라 스프에 찍어 먹는 것도 한 끼 식사로 훌륭해요. 간이 강하지 않은 스프

300엔으로 즐길 수 있는 모닝 세트에 나오는 빵과 홍차. 카레, 스프, 함박 스테이크 중 주 메뉴를 고를 수 있으며 커피와 샐러드가 함께 나오는 800엔짜리 런치 세트(왼쪽부터).

는 재료 본연의 맛을 느낄 수 있어 좋고, 먹고 나면 속이 편안해져요.

사장님이 직접 만든 함박 스테이크는 식감이 부드러워서인지 스즈키제작소를 찾는 분들은 이 메뉴를 많이 주문했어요. 크기가 약간 작아 아쉬움이 남지만 혼자 먹기에는 괜찮은 양이에요.

샐러드나 드레싱은 그날그날 사장님의 마음에 따라 다르지만 언제 먹어도 신선하고 상큼해요. 어떤 메뉴든 김치가 없어도 먹기 힘들지 않아요. 식사 후 바로 나오는 커피 한 잔이 주는 여유 역시 놓칠 수 없는 행복이랍니다. 스즈키제작소에서는 모닝 세트와 런치 세트 중 어떤 선택을 하더라도 후회하지 않을 거예요. 메뉴를 선택했는데 주문이 어렵다면, 책 속 사진을 보여 주세요.

먼 훗날 다시 온다면

하루는 옆자리에 멋진 분들이 앉았어요. 어떤 세월을 보내셨을까요? 분명 수만 가지 어려움을 견뎌냈겠지만, 지금 마주 앉은 두 사람의 모습은 아주 평온해 보여요.

시간이 흘러 백발인 남편과 스즈키제작소에 다시 와서 이렇게 마주 앉아 차 한잔을 나누며 책 이야기를 할 수 있다면 얼마나 좋을까요? 그때, "아마 이 책을 쓴 후로 스즈키제작소가 한국 손님들로 붐볐다지."라고 이야기를 할 수 있을까요? 아직 알려지지 않은 곳이라 한국 사람은 만난 적이 없지만, 먼 훗날에는 그렇게 이야기할 수 있기를 간절히 기대해 본답니다.

스즈키제작소 주방 안쪽은 가정집과 연결되어 있어요. 검정 털 뭉치 같은 귀여운 페키니즈 피이짱이 한 번씩 '나 여기 있다'고 알려주기라도 하는 듯 컹컹 짖어요. 까만 강아지라 무심히 지나치면 피이짱을 못 만날 수도 있어요. 하지만 가끔 혀를 내밀어줄 때면 그 존재를 확실히 볼 수 있죠.

동네분들을 살갑게 챙기는 마음이 예쁘고 친절한 사장님과 맛있는 음식 덕분에 한결 포근해진 마음으로 기분 좋게 여행을 이어가요.

까만 강아지 피이짱(위)과 스즈키 제작소를 운영 중인 사장님.

스즈키제작소 鈴木製作所

♡ 도쿄도 아라카와구 마치야 2-12-10
⊙ AM 9 ~ PM 5:30   ✓ 쉬는 날 : 화·수요일

네 번째 정거장

아라카와유엔치마에역
荒川遊園地前

아라카와유엔치마에역 둘러보기

1. 아라카와유엔치마에역에 내려 횡단보도를 두 번 건넌 후 왼쪽으로 꺾어 올라가요.
2. 모스버거를 지나 오른쪽으로 꺾어 들어가면 후쿠센이 있어요.
3. 돌아 나와 가던 길로 쭉 걸어가면 아라카와 유원지가 나와요.
4. 유원지를 나와 경찰서까지 와서 횡단보도를 건너 FamilyMart가 있는 길로 가면 치에리와 코테츠가 있어요.
5. 내렸던 곳에서 다시 와세다 방면 아라카와 전차를 타요.

아라카와유엔치마에역
荒川遊園地前

| 마치야에키마에역 | ▶▶▶ | **아라카와유엔치마에역** | ▶▶▶ | 아라카와샤코마에역 | / | 가지와라역 |
| 町屋駅前 | | **荒川遊園地前** | | 荒川車庫前 | / | 梶原 |

신나게 즐겁게
아라카와 유원지 즐기기

    아라카와유엔치마에역은 내릴 때부터 콩닥콩닥 가슴이 뛰고 기분이 좋아져요. 그래서인지 이곳에서는 언제나 발걸음이 빨라지곤 해요.

    큰 길에서 유원지로 가는 골목에 들어서면, 초록 잎 무성한 나무들이 곧게 뻗은 길에 서서 인사를 건네요. 그 길 위를 사람과 자전거가 사이 좋게 거닐지요. 경찰서 뒤에는 고양이 서너 마리가 모여 지그시 눈을 감고 한낮의 여유를 즐기고 있어요.

    가는 길에 보이는 고무보트 타는 곳은 주말과 휴일에만 문을 여는데, 햇살 뜨거운 날에 잠시 쉬어가기 좋답니다.

네 번째 · 아라카와유엔치마에역

동심 불러오는 유원지

1922년에 문을 연 아라카와 유원지(あらかわ遊園)는 2차 세계대전이 발발한 뒤 잠시 문을 닫았다가 1950년, 아라카와 구립 유원지로 새단장을 했어요. 규모는 작지만 놀이기구와 동물원, 낚시터, 박물관 등 소소하고 다양하게 여러 시설을 즐길 수 있는 실속 있는 유원지랍니다.

도쿄도 23개구에서 유일한 구립 유원지인 이곳은 아라카와선 일일 승차권을 보여주면 무료입장이 가능해요. 일일 승차권을 미리 손에

들고 있으면 안내원이 입장을 도와준답니다.

유원지 안으로 들어가면 높이가 32m인 아기자기한 관람차가 가장 먼저 보여요. 60년 넘는 오랜 시간을 지나온 빛바랜 관람차는 하늘과 섞여 색감이 독특한 사진을 연출하기 좋아요. 관람차 주위에는 회전목마와 하늘 자전거, 칙칙폭폭 작은 열차까지 있어서 보기만 해도 신이 나죠. 보기엔 시시해 보이지만, 하늘 자전거도 애벌레 열차도 나름 긴장감이 있어요.

아라카와 유원지에서 아이들은 100엔이면 모든 놀이기구를 마음껏 탈 수 있어요. 놀이기구 탑승권 자판기에서 표를 뽑으면 되는데 100엔이면 1장, 500엔이면 6장, 1000엔이면 12장이 나와요. 어린이는 표 한 장에 놀이기구 하나를 탈 수 있고 어른은 표 두 장을 내야 해요.

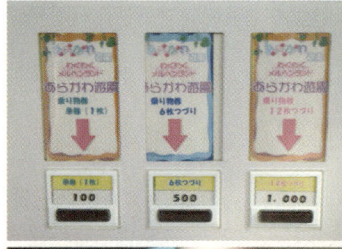

표를 사려고 동전을 꺼낼 때면 아이들의 간절한 눈빛이 느껴져요. 100엔짜리 동전 10개를 손에 쥐여 주는 아빠의 얼굴에도, 동전을 받는 딸아이의 얼굴에도 옅은 미소가 머물러요. 이때만큼은 눈빛만으로도 서로의 마음을 아는 사이가 되죠.

표 12장을 손에 쥔 딸아이가 인심 좋게 저희 부부를 관람차에 태워 줬어요. 그리 높지 않은 관람차이지만, 아라카와 유원지 근처를 보기에는 충분해요. 관람차를 타면 저 멀리 스카이트리도 구경할 수 있고, 유원지 안쪽 풍경도 한눈에 볼 수 있어요. 관람차 덕분에 유원지 뒤쪽으로 강이 흐르고 유원지 안에 회전컵과

관람차 아래쪽에 있는 놀이기구 탑승권 자판기(위). 표 한 장으로 동물 먹이 주기도 가능하다.

범퍼카도 있다는 걸 알게 되었죠. 바닥이 유리로 된 오다이바 대관람차만큼 긴장감이 느껴지진 않지만, 삐그덕 소리를 내며 올라가는 아라카와 유원지 관람차도 나름 떨림과 낭만이 있답니다.

하늘 자전거 아래쪽에 있는 매점에서는 100엔을 내면 솜사탕을 직접 만들 수 있어요. 먼저 박스에서 나무젓가락을 꺼내고 솜사탕 기계의 문을 연 후 100엔짜리 동전을 넣어요. 그러면 일회 분량의 설탕이 떨어지면서 실이 생겨나지요. 휘휘 날아다니는 솜사탕 실을 잡아가며 나무젓가락을 예쁘게 돌려 솜사탕을 만들면 돼요. 솜사탕은 하나로 크게 만들어도 되고, 나무젓가락을 반으로 나눠 두 개를 만들어도 된답니다.

동물원과 낚시터

한껏 날개를 펼친 공작의 위용 넘치는 모습! 자신을 뽐내는 공작의 화려함은 비할 데가 없어요. 그렇지만 활짝 펼친 날개에 염소 뿔이 걸리면, 조금 전까지 고고했던 자태는 온데간데없고 뒤뚱거리는 모습만 남아 한바탕 웃게 되죠. 어쩐지 한결 친해진 느낌이에요.

이곳에서는 동물을 마음껏 만질 수 있어요. 하지만 손이 계속 닿으면 동물이 스트레스를 받기 때문에, 직접 만질 수 있는 동물들은 시간마다 철저한 교대가 이뤄져요. 동물이 받게 될 스트레스를 최소화하기 위해서죠. 교대 후 새로운 동물이 나오면, 아이들이 먹이를 줄 수 있는 기회도 생겨요. 호기심 가득한 아이들의 눈빛이 마냥 신나 보인답니다.

동물원을 나와 낚시터로 가는 길에는 조랑말(포니)을 타는 곳도 있어요. 하루 100명의 인원 제한이 있기 때문에 입구에서 시간을 미리 확인하는 게 좋아요. 잠시나마 조랑말을 직접 타볼 수 있어서 아이들에게 인기가 많답니다.

시끌벅적한 유원지에서 조용하고 차분한

시간을 원한다면 낚시터는 어떨까요? 물고기를 잡는데 집중하기보다는 그늘 아래 앉아 한가로이 시간을 보내며 생각을 정리하기 좋은 장소예요. 가격은 한 시간에 350엔. 낚시대는 100엔을 내면 따로 대여할 수 있어요. 이곳에는 아이와 함께 낚시를 즐기는 아빠들이 많아요. 아빠와 함께 낚시대를 꽉 움켜잡고 한곳에 시선을 고정하는 아이들이 제법 의젓해 보이지요. 집중하고 있는 눈과 입이 귀여워 가끔은 낚시터 구경이 아닌 아이들 구경을 하러 가기도 해요.

    낚시터 앞쪽으로는 작은 매점과 놀이터, 화장실이 있어요. 매점

앞 벤치에 앉으면, 하늘 자전거와 관람차가 그림 속 장면처럼 눈앞에 펼쳐져요. 가재가 사는 작은 물길도 참 예뻐서 이곳에 앉아 잠시 쉬어 가면 좋아요. 잠깐의 휴식이지만 몸과 마음을 재충전하기에는 충분하답니다.

관람차와 하늘 자전거를 보며 Lenka의 'Unique'와 'Get Together' 그리고 'Everything's Okay'를 들으면 어릴 적 엄마 손잡고 간 유원지에서 보았던 리본 머리띠와 강아지 풍선, 커다란 솜사탕이 떠올라요.

네 번째 · 아라카와유엔치마에역

Unique   Get Together   Everything's Okay

아라카와 전차 역사가 담긴 전차박물관

전차박물관은 유원지 입구 바로 왼쪽에 있어요. 유원지에 들어서면서 마주하지만, 언제나 놀이기구를 먼저 타러 가느라 마지막에 들렀다 나오는 곳이죠.

박물관에서는 아라카와 전차의 변천사와 전차 모형들을 구경할 수 있어요. 모형 하나하나가 얼마나 섬세하게 만들어졌는지 지금이라도 당장 움직일 것만 같아요. 박물관 2층에는 아이들이 장난감 전차를 가지고 놀 수 있는 공간과 간이휴게실이 마련되어 있어서 음식을 먹거나 쉴 수 있어요. 1층에는 화장실과 전차 모형 전시뿐 아니라 모형 전차를 직접 움직여볼 수 있는 공간도 마련되어 있지요.

아라카와선을 타고 다니는 동안 주중에는 오전이 지나도록 아이들을 찾기가 힘들어요. 하지만 아라카와 유원지에서는 포동포동한 아이들을 실컷 볼 수 있지요. 특히 휴일이라면, 여기저기서 울려 퍼지는 웃음소리로 거리가 시끌시끌해요. 언제 들어도 기분 좋은 아이들의 웃음소리에 마음이 덩달아 환해진답니다.

주말 오전 9시부터 11시 40분, 오후 12시 40분부터 3시 40분까지 모형 전차가 작동하는데, 직접 참여는 오전·오후 100명씩만 가능하다.

아라카와 유원지 あらかわ遊園

♡ 도쿄도 아라카와구 니시오구 6-35-11
◎ AM 9 ~ PM 5   ✔ 쉬는 날 : 화요일(공휴일인 경우 수요일)

네 번째 · 아라카와유엔치마에역

손맛 담긴 몬쟈가 있는 어린이의 집

아라카와 유원지를 나오면서 출출할 땐 어린이의 집(こどもの家)에 들러 보세요. 이곳에서는 생소한 이름을 지닌 몬쟈와 소바를 간식으로 먹을 수 있어요. 어린이의 집에서 일하는 분들의 나이가 지긋하셔서 그런지 주문에서부터 어딘지 모르게 조심스러워요. 그래도 할머니의 손맛 덕분에 유원지가 문을 여는 날이면 가게 안이 사람들로 넘쳐나요.

몬쟈는 오코노미야끼(おこのみやき)와 비슷하지만 물이 훨씬 많아요. 철판 위에 얇게 펴서 익히다가 바닥에 눌러 붙으면 그때 먹기 시작해요. 베이컨이 들어간 몬쟈가 맛있는데, 주문하려면 "베-콘몬쟈구다사이(ベーコンモンジャください/베이컨 몬쟈 주세요)."라고 말하면 돼요. 몬쟈가 나오면 달궈진 철판에 몬쟈 반죽을 부어요. 이때 물이 많은 반죽을 한꺼번에 부으면 수증기에 손을 데일 수 있어서 조심해야 해요. 건더기를 한 숟가락씩 부으며 넓게 펼쳐서 익혀줘야 하지요. 철판 온도가 올라가면서 몬쟈가 보글보글 익어요. 그대로 조금 두었다가 바닥에 눌러 붙으면, 삽 모양의 스푼으로 긁어 먹죠. 고소한 맛이 나는 몬쟈는 중간중간 섞인 붉은 생강이 맛을 돋워서 오코노미야끼보다 더 깔끔해요.

400엔짜리 야끼소바(やきそば)도 맛있어요. 야끼소바 역시 철판에 직접 만들어 먹는데, 만드는 사람에 따라 맛이 달라져서 더 재밌어요.

맥주나 콜라를 부어 소바를 익혀 먹기도 해요. 콜라나 맥주를 소바에게 주기 아깝다면 물과 소스만으로도 충분히 맛있는 야끼소바를 완성할 수 있어요. 천천히 이야기 나누며 라무네(일본식 사이다) 한 병을 곁들여 마시면 많이 걸으며 쌓였던 피로가 모두 사라지는 듯해요.

어린이의 집에는 어릴 적 학교 앞 문방구에서 사먹던 과자도 있어요. 그때 그 시절 추억을 되살려 라면땅이나 쫀득이 하나 정도 먹어보는 건 어떨까요? 100엔이면 3가지를 맛볼 수 있어

베이컨이 추가된 몬쟈(위)와 야끼소바. 두 가지 모두 400엔.

요. 한 여름이라면 곱게 갈린 얼음에 시럽만 듬뿍 올려진 200엔짜리 소박한 빙수를 맛봐도 좋아요.

어린이의 집은 정기 휴일 외에도 개인 사정으로 문을 닫는 경우가 종종 있어요. 혹시 찾았다가 발걸음을 돌리게 되더라도 너무 실망하지 마세요.

어린이의 집 こどもの家
- 도쿄도 아라카와구 니시오구 6-32-10
- AM 10 ~ PM 4   ✓ 쉬는 날 : 화·수요일(다른 요일도 가끔 쉼)

100엔의 행복, 명물 타코야끼 후쿠센

바삭한 센베 사이에 들어있는 타코야끼를 맛보지 않으면 아라카와유엔치마에역에서 중요한 걸 빠뜨린 듯한 허전함이 들어요. 타코센을 먹으려고 발걸음을 옮긴 곳은 후쿠센(ふく扇)이에요. 화창한 날에는 줄을 선 손님들을 보고 길목에서부터 후쿠센을 찾을 수 있어요.

TV에도 나온 명물 타코야끼 가게 후쿠센에 가면 교포인 유쾌한 사장님 덕분에 웃을 일이 많아요. 한가한 날에 찾아갔더니 사장님께서 타코야끼를 만드는 경험도 시켜 주셨죠. 장사가 잘 되어 코카콜라에서 가게 앞에 의자를 놔주었다는 자랑부터 타코야끼를 만들기 전까지 48년간 가방을 만든 이야기까지 사장님은 이런저런 이야기보따리를 우리말로 풀어 놓으셨답니다.

후쿠센의 타코야끼는 14개에 450엔이에요. 좋은 재료를 푸짐하게 사용하는 데도 불구하고 가게 문을 연 1995년부터 지금까지 10원도 가격을 올리지 않았다고 해요. 이를 설명하는 사장님의 목소리에 힘이 실려요.

짜고 단단한 센베와 부드러우면서도 고소하고 단맛이 나는 타코야끼가 어우러져 입이 즐거워요. 타코야끼 두 알이 들어간 타코센의 가격은 100엔. 먹어 봐야겠죠?

후쿠센 ふく扇
- 도쿄도 아라카와구 니시오구 6-29-7
- PM 12 ~ PM 6
- 쉬는 날 : 비 오는 날

번개 치는 치에리

치에리(ちえり)는 어린이의 집처럼 몬쟈를 먹을 수 있지만, 분위기는 정반대예요. 어른의 집이라고 해야 할까요? 몬쟈나 오코노미야끼에 술 한잔 마시는 분들이 많아요. 어린이의 집보다 가격은 조금 비싸지만, 재료는 이곳이 훨씬 훌륭해요.

치에리는 후쿠센 사장님의 소개로 찾아간 가게예요. '번개 치는 몬쟈 가게'라는 설명과 동네에서는 이미 유명해서 손주들이 오면 꼭 데리고 간다는 추천이 더해져 들를 수밖에 없었죠. 기대감을 가지고 들어간 치에리는 건물에서부터 오래된 분위기가 느껴져요.

480엔짜리 비엔나소시지 몬쟈. 야채와 소시지를 먼저 볶은 후 국물에 간장소스를 원하는 만큼 넣고 섞는다. 도넛 모양으로 익히다가 한데 섞어 볶은 후 넓게 펴면 몬쟈가 완성된다.

이곳에는 김치 몬쟈, 명란 몬쟈를 포함해 다양한 종류의 몬쟈가 있어서 선택폭이 넓어요. "원나-몬쟈구다사이 (ウィンナーもんじゃください/원나(비엔나소세지의 회사 이름)몬쟈 주세요)."라고 말하면, 제가 늘 즐겨 먹는 비엔나소시지가 들어간 맛있는 몬쟈가 나온답니다.

여러 명이 함께 간다면 야끼소바와

신선한 재료로 맛을 낸 480엔짜리 야끼소바와 650엔짜리 나마에비센(생새우) 오코노미야끼 (왼쪽부터).

오코노미야끼도 하나씩 시켜 보세요. 둘 다 맛이 아주 훌륭해요. 소스를 듬뿍 올려서 만들면 최고의 맛을 낼 수 있어요. 재료도 신선하고 맛도 좋아서 일인분을 더 시킬까 말까 항상 고민하게 만들어요.

무엇보다 이 가게가 매력 있는 이유는 매시 정각에 이벤트가 벌어지기 때문이에요. 식사를 하다가 갑자기 새소리가 들려 온다면, 마음의 준비를 하세요. 평화로운 새소리가 그친 뒤 작은 식당 안에 비와 번개가 한 차례 휩쓸고 지나가니까요. 번개 소리가 꽤 큰 탓에 어린아이의 귀를 살포시 가려주는 아빠의 자상한 모습도 구경할 수 있답니다.

치에리 ちえり

◎ 도쿄도 아라카와구 니시오구 7-6-11
◎ 화~금 PM 5 ~ PM 11 / 주말·공휴일 PM 1 ~ PM 11
✓ 쉬는 날 : 월요일

엄마 마음으로 요리하는 코테츠

스파게티, 그리고 기차를 좋아하는 아이와 함께라면 코테츠(KOTETSU)를 추천해요. 어린아이를 둔 엄마이기도 한 코테츠 사장님은 아이들이 안심하고 먹을 수 있는 음식을 만들기 위해 더 깨끗하고 건강한 재료를 준비한다고 해요. 그래서인지 미트 스파게티 맛은 자극적이지 않고 순해서 좋아요.

2016년에 문을 열어 깨끗한 코테츠는 아라카와선 전차 여행과 잘 어울리는 카페예요. 2층으로 지은 코테츠 구석구석에는 다양한 기차들이 장식되어 있답니다. 모형 기차가 지나가는 소리 때문에 조금 정

신 없다고 느낄 수 있지만, 기차로 된 구경거리가 많아서 아이들이 좋아할 만한 카페랍니다.

코데츠 KOTETSU

♀ 도쿄도 아라카와구 니시오구 7-19-11
⊙ AM 10:30 ~ PM 6   ✓ 쉬는 날 : 화요일

다섯
번째
정거장

아라카와샤코마에역 荒川車庫前
가지와라역 梶原

아라카와샤코마에역 荒川車庫前
가지와라역 梶原

아라카와샤코마에역/ 가지와라역 둘러보기

1. 아라카와샤코마에역에 내려 전찻길 건널목을 건너면 아라카와 전차 차고지가 보여요.
2. 차고지에서 가지와라역 방향으로 걷다 보면 오른쪽에 쿨옥션과 쿨카페가 있어요.
3. 큰 길로 나와 일직선으로 걷다가 시계가 있는 표지가 나오면 오른쪽으로 꺾어 들어가요.
4. 다시 전찻길로 나와 가지와라역에서 와세다 방면 아라카와 전차를 타요.

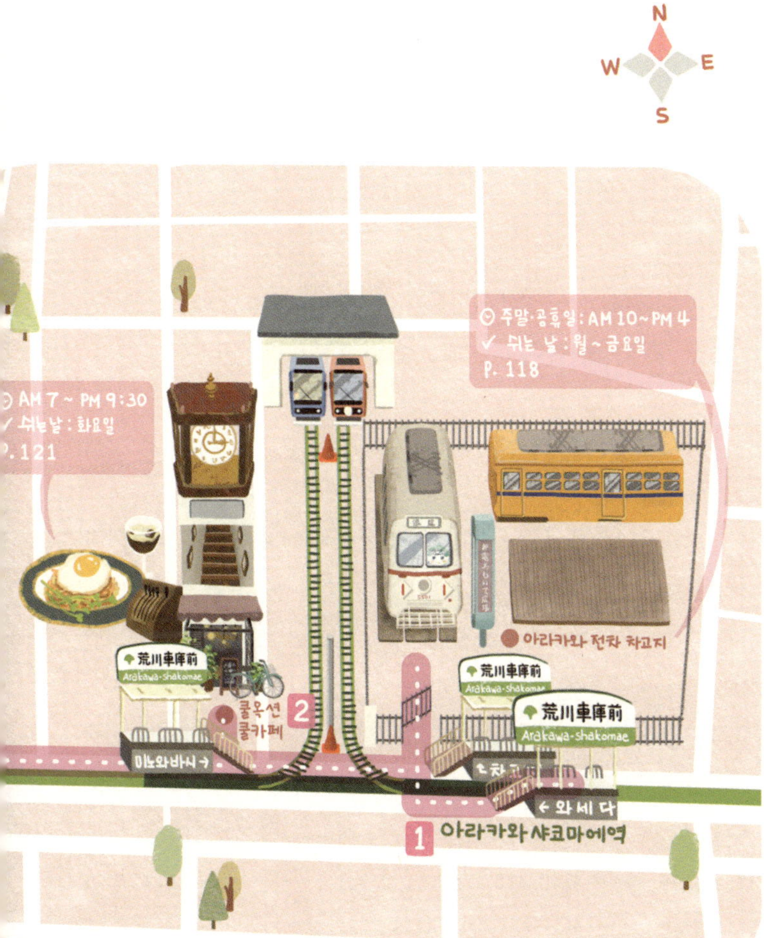

N
W
E
S
AM 7 ~ PM 9:30
쉬는날 : 화요일
P. 121
주말·공휴일 : AM 10~PM 4
쉬는 날 : 월~금요일
P. 118
아라카와 전차 차고지
荒川車庫前
Arakawa-Shakomae
2 쿨옥션 쿨카페
미노와바시 →
← 와세다
1 아라카와샤코마에역

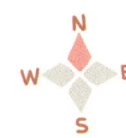

아라카와유엔치마에역	▶▶▶	아라카와샤코마에역 / 가지와라역	▶▶▶	오지에키마에역
荒川遊園地前		荒川車庫前 / 梶原		王子駅前

전차 차고지와
귀여운 전차 모나카 하나

    주말과 휴일에만 문을 여는 차고지 광장(荒川電車營業所)에는 아라카와선 전성기에 활약했던 전차 두 대가 깨끗하게 복원돼 전시 중이에요. 1947년부터 2000년대 초반까지 운행한 노란 7504 전차와 1954년 새로 만들어져 10년간 운행한 하얀 5501 전차가 그 주인공이죠. 차고지에서는 이 전차들의 내부까지도 구경할 수 있답니다. 선명한 노란색의 7504 전차 기관석에는 차장님의 모자가 놓여 있어요. 머리 위에 모자를 쓰고 잠시 동안 아라카와 전차의 차장이 되어 보면 어떨까요?

    전차 내부를 둘러보니 수동으로 운전하는 기관사석과 먼지 쌓인

선풍기가 정겨워요. 잘 복원된 전차를 보고 있노라면, 우리나라에서 사라진 옛 정취와 추억 어린 풍경에 대한 아쉬움이 들기도 해요. 철제 선풍기와 하얀 손잡이는 감각적이면서도 예스러운 분위기가 듬뿍 묻어 나와 한참 눈을 떼지 못했어요.

    5501 전차 안에는 아라카와선 역사를 한눈에 볼 수 있는 작은 갤러리도 마련되어 있어요. 1955년경 마을 모습이 담긴 디오라마(배경 위에 모형을 설치하여 하나의 장면을 만든 것)를 보는 재미 역시 쏠쏠해요.

    만약 차고지 광장이 문을 닫는 시간에 간다면, 광장 옆 차고지를 들고 나는 전차들을 구경하며 대리만족해야 해요. 조금은 아쉽지만, 대기 중인 전차들이 하나둘 나올 때마다 '아직 보지 못한 디자인의 전차가 나오지는 않을까?'라고 생각하며 기대하게 되지요. 기다리는 시간조차 설레고 즐겁답니다.

아라카와 차고지 광장 荒川電車営業所

♡ 도쿄도 아라카와구 니시오구 8-33-7
⊙ 주말·공휴일 AM 10 ~ PM 4   ✓ 쉬는 날 : 월~금요일

다섯 번째 · 아라카와샤코마에역/가지와라역

엔틱한 시계의 공간 쿨옥션과 쿨카페

아라카와샤코마에역에서 가지와라역으로 걷던 어느 날, 우연히 쿨옥션(Cool auction)이란 가게를 발견했어요. 아주 작은 카페 옆 오래된 벽시계와 계단 옆으로 전시된 시계들에 이끌리듯 올라간 2층은 그야말로 보물들로 가득 했어요. 그날 이후, 시계를 좋아하는 남편은 언제나 이곳을 지나치지 않아요.

쿨옥션에서는 로렉스 최초 모델과 전 세계 단 하나뿐인 로렉스 서브마리너 1958년 모델, 그리고 브라이틀링 네비 타입 첫 번째 모델 등 진귀한 시계들을 직접 볼 수 있답니다. 방수 기능이 탑재된 최초의 다이버 워치인 로렉스 서브마리너 1958년 모델은 경매가가 약 1500만엔

이 넘는다고 하니 구경해봐도 괜찮을 거예요. 웃음이 호탕한 사장님 덕분에 유럽에서 경매로 받아 온 시계들을 실컷 구경할 수 있었어요.

건물 1층에서는 쿨옥션 사장님의 아들이 쿨카페(Cool cafe)를 운영해요. 쿨카페는 시계 소리가 좋은 곳이에요. 여러 가지 시계의 초침 소리가 마음을 차분하게 해주죠. 80년이 넘은 레버로 작동하는 계산기를 비롯해 곳곳을 채운 엔틱한 시계와 소품 하나하나에서 고풍스러움이 느껴져요. 테라스에 앉아 전차를 바라보며 마시는 커피 한잔은 유럽의 어느 오래된 작은 카페에 머무는 느낌을 준답니다.

쿨카페 사장님의 추천 디저트는 주문을 하자마자 반죽을 만들고 과일을 사이사이 올린 후 따뜻하게 구워져 나와요. 막 구운 푹신한 빵은 너무 부드러워 입안에 들어가자마자 녹아버리죠. 버터를 듬뿍 넣어 볶은 스파게티도 감칠맛 나요. 시간과 정성이 들어간 요리라 감사한 마음으로 그릇을 비워요. 여기 곁들이는 크림을 올린 아이스 아메리카노 한 잔은 마치 피로회복제 같아요.

어쩌다 들어간 쿨옥션, 쿨카페는 친절한 부자(父子) 사장님들 덕분에 나오는 발걸음마저 행복해지는 곳이랍니다.

달콤하고 폭신한 설판 토스트는 780엔, 아이스 또는 핫 아메리카노는 450엔, 스파게티는 780엔(위부터).

쿨카페 Cool Cafe

◎ 도쿄도 아라카와구 니시오구 8-38-1
◎ AM 7 ~ PM 9:30   ✓ 쉬는 날 : 화요일

자그마한 전차 모나카가 유명한 아케미

아라카와샤코마에역에서 전찻길을 따라 천천히 걸어가면 가지와라역이 나와요. 가지와라역을 가는 단 한 가지 이유가 있다면 아케미(明菜) 때문이지요. 가지와라역에 다다를 즈음 시계가 달린 구조물을 발견한다면, 그 안쪽 골목에 있는 아케미도 금방 찾을 수 있답니다.

아케미는 전차 모나카로 유명한 가게예요. 이곳은 60년이 넘는 시간 동안 인기를 유지한 데다 전국과자대회에서 대상도 여러 번 받았다고 해요. 전차 모나카는 힘없이 바사삭 부스러지는 얇은 과자 안에 끈적이지 않고 달달한 팥 앙금이 들어 있어요.

전차 모나카의 맛은 한 종류이지만 전차 포장 박스는 여러 종류예요. 다양한 색으로 구성된 포장 박스를 살펴본 뒤 기호에 따라 고르면

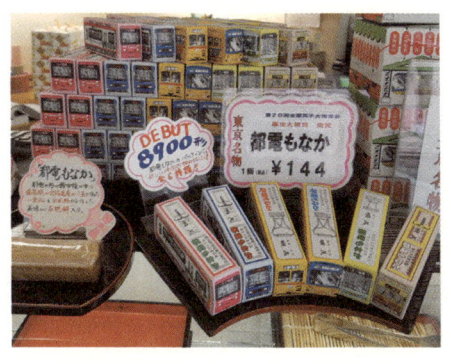

전차 모나카 1개는 144엔, 10개는 포장 박스 값 50엔이 더해진 1490엔.

된답니다. 노란색 전차 박스가 가장 오래된 6000형 전차라 인기가 많고, 파란색 전차 박스는 신형이라고 해요.

아케미에서 구입한 전차 박스와 실제 아라카와 전차를 같이 놓고 본다면 또 다른 재미를 느낄 수 있어요. 파란 전차 박스를 손에 쥐고 역으로 가는 길에 문득 '같은 색을 가진 전차가 지나가면 좋겠다.'는 생각이 들었죠. 전차를 몇 대 보낸 후, 드디어 파란 아라카와 전차가 멀리서 보이기 시작했어요. 기다려온 순간을 놓치지 않고 파란 전차와 파란 박스를 사진 한 장에 담았답니다. 이렇게 시작된 전차 박스 인증 놀이는 시간 가는 줄 모르고 계속 됐어요. 전찻길 위에 올렸던 전차 박스를 구름 위에도 올려보고, 차고지로 다시 걸어가 예쁜 전차가 나오면 함께 찍기도 했어요. 그런데 작은 모나카 박스 하나로 신나게 사진 찍는 모습이 재밌어 보였나 봐요. 지나가는 분들이 그 모습을 보며 싱긋 웃으셨답니다.

어떤 모습으로 보였을지는 모르겠지만, 모나카 하나로 한참 동안 즐거운 시간을 보냈어요. 이런 사소한 순간들이 모여 아라카와 여행이 더욱 특별한 기억으로 남겠지요?

아케미 明茉

♡ 도쿄도 기타구 호리후네 3-30-12
⊙ AM 10 ~ PM 7:30   ✓ 쉬는 날 : 월요일

여섯 번째 정거장

오지에키마에역
王子駅前

오지에키마에역
王子駅前

오지에키마에역 둘러보기

1. 오지에키마에역 앞 육교를 건너 쭉 가다가 약간 좁은 골목길로 들어가요.
2. 오른쪽으로 꺾고 횡단보도를 건너서 호쿠토피아로 들어가요.
3. 왔던 길로 돌아와 JR 오지역 북쪽 출입구를 통과하면 친수공원이 나와요.
4. 아까 지나온 방향으로 육교를 다시 건너 유턴한 후 왼쪽으로 꺾으면 키소바가 나오고, 조금 더 가면 아스카루고 타는 곳이 있어요.
5. 아스카루고에서 내려 아스카야마공원을 돌아봐요.
6. 공원 중앙 남쪽 입구로 내려와 횡단보도를 건너 아스카야마역에서 아라카와 전차를 타요.

| 아라카와샤코마에역 | 가지와라역 | **오지에키마에역** | 다키노가와잇초메역 |
| 荒川車庫前 | 梶原 | **王子駅前** | 滝野川一丁目 |

다양한 즐거움 주는
오지에키마에역

    아라카와 전차 여행 중 일정상 몇 군데만 선택해야 한다면, 오지에키마에역은 꼭 들르길 추천해요. 봄에는 벚꽃 만발한 아스카야마공원을 볼 수 있고, 여름이면 친수공원의 이끼 낀 돌 사이에 앉아 시원한 물소리를 들으며 신비로움을 느낄 수 있어요. 가을에는 단풍 그늘 아래에서 은밀한 데이트를 즐길 수 있고, 겨울에도 아이들의 웃음소리가 들리는 놀이터가 발길을 끌어당기지요. 무엇보다 도쿄가 한눈에 들어오는 호쿠토피아는 오지에키마에역에 들러야 할 이유 중 하나랍니다.

17층 무료 전망대 호쿠토피아

　오지에키마에역에 내리면 언제나 호쿠토피아(北とぴあ)를 가장 먼저 찾아요. 이 건물에 있는 무료 전망대가 참 마음에 들거든요. 17층 전망대는 그리 높진 않지만, 나름대로 매력이 있어서 누구든지 이곳을 좋아할 것 같아요. 발밑으로 보이는 수많은 기차를 사진에 담기 위해 철도 마니아들은 호쿠토피아 전망대를 일부러 찾아오기도 해요. 언제

가도 한가하고 조용해서 전망을 즐기기에는 더 없이 좋은 장소지요.

634m의 높이를 자랑하는 스카이트리에서 보는 도쿄 풍경과 호쿠토피아 17층에서 보는 도쿄 풍경은 완전히 다른 느낌이에요. 조금 더 땅과 가까운 곳에서 바라본 도쿄는 확실히 따뜻한 느낌으로 다가와요. 빠른 속도로 지나가는 신칸센과 저 멀리 우뚝 선 도쿄타워와 스카이트리, 도쿄돔도 구경해요. 곧 찾아갈 아스카야마공원의 푸른 숲도 미리 내려다보고요. 전망대는 삼면으로 창이 나 있는데, 코너를 돌다 마음에 드는 자리에 앉아 쉬어가면 돼요. 제일 끝까지 들어가면 사람들이 잘 오지 않는 공간이 나오죠. 잠깐이나마 신발을 벗고 다리를 쭈욱 펼 수도 있어요.

호쿠토피아는 잠시 앉아서 쉴 수 있는 집 같아요. 깨끗하게 정돈된 화장실과 편하게 앉을 수 있는 의자, 도쿄가 가득 펼쳐진 창문이 있으니 이보다 더 훌륭한 방이 있을까요? 주머니 속에 있던 100엔을 넣

여섯 번째 · 오지에키마에역

고 망원경으로 보는 도쿄 풍경도 재미있어요. 그동안 사용했던 망원경들은 뿌옇고 잘 보이지 않았는데, 호쿠토피아에 있는 망원경은 저 멀리 서 있는 사람이 내 손에 닿을 듯 정확하고 선명하게 보였답니다.

오지에키마에역은 교통이 잘 연결되어 있어요. 아라카와선을 타도 되지만, JR 게이힌토호쿠선과 난보쿠선을 탈 수도 있지요. 호쿠토피아가 밤 9시까지 열린 날이면, 여기서 야경을 보고 하루를 마무리해도 괜찮아요. 어느 시간이든 어느 계절이든 또 어떤 날씨든 언제나 조용하고 편하게 쉴 수 있는 장소임에 틀림없으니까요.

호쿠토피아 北とぴあ

♡ 도쿄도 기타구 오지 1-11-1
⊙ 화~토요일 AM 10 ~ PM 9 / 일요일 AM 10 ~ PM 5
✓ 쉬는 날 : 월요일

이곳에 앉아 쉬는 동안 몇 번을 들어도 기분 좋은 이루마의 피아노 선율이 흘러나오면 좋겠어요. 전망대 창 너머로 도쿄를 바라보며 이 곡들을 다 들을 즈음 여행으로 지친 몸과 마음이 조금 나아졌기를 바랍니다.

여섯 번째 · 오지에키마에역

Time Forgets   Love Me   Hope   I

여섯 번째 · 오지에키마에역

초록으로 가득한 친수공원

겨울의 친수공원(音無親水公園)은 앙상한 나뭇가지에 흐르는 물도 없어 찾는 사람이 거의 없어요. 하지만 한여름에 간다면 친수공원에 꼭 들러 보세요. 이끼 가득한 돌들 옆에 앉아 시원한 바람을 한껏 맞을 수 있거든요. 여름의 친수공원은 초록으로 가득한 신비로움을 간직한 곳이랍니다. 특히 짙은 녹음으로 둘러싸여 있어 더 그렇지요.

친수공원은 추적추적 비 내리는 날도 좋아요. 습도 높은 여름날, 흐리고 비가 온 후 친수공원에 살그머니 앉으면, 꼭 토토로를 만날 것만 같아요. 시냇물이 졸졸 흐르는 물가에서 물장난을 칠 수도 있고, 발을 씻을 수도도 한쪽에 마련되어 있어요.

친수공원 音無親水公園
○ 도쿄도 기타구 오지 1-2
✓ 쉬는 날 : 없음

해와 비를 막아줄 다리 아래 앉아 Keren Ann의 'Not Going Anywhere'를 들어 보면 어떨까요? 친수공원은 나 자신에게 고요한 시간을 선물할 수 있는 곳이에요.

여섯 번째 · 오지에키마에역

Not Going Anywhere

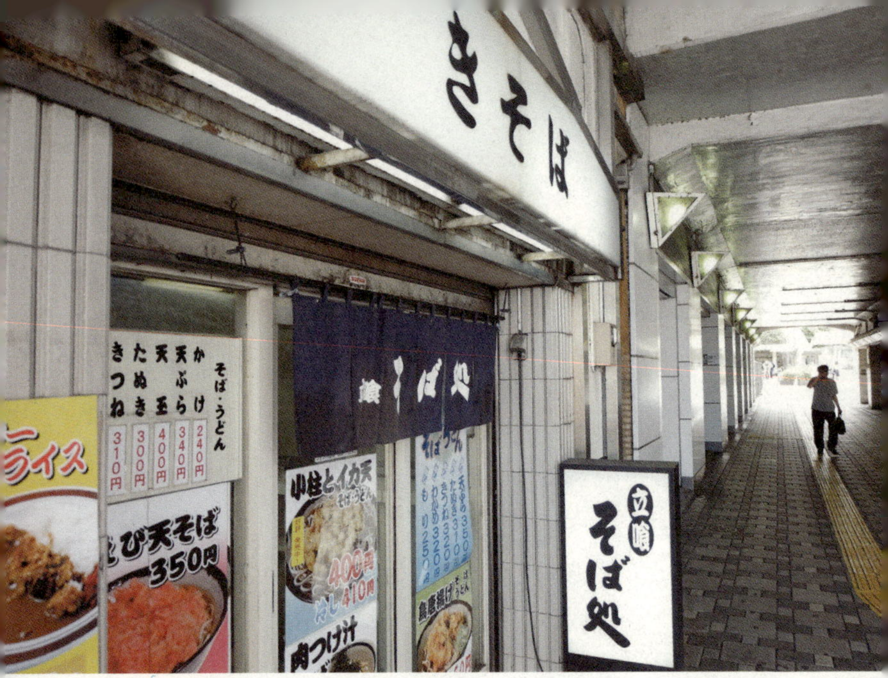

240엔짜리 가케 우동.

여섯 번째 · 오지에키마에역

서서 먹는 키소바

오지에키마에역 아래에는 서서 먹는 소바 가게인 키소바(きそば)가 있어요. 기본 가케 우동(かけそば·うどん)의 가격은 240엔이에요. 커피 한 잔 가격도 안 되는 금액으로 간단히 소바를 먹을 수 있어 좋아요. 가격도 저렴한 데다 주방도 깨끗하지요. 자판기에서 산 식권을 아주머니께 드리면서 우동과 소바 중 어떤 걸 먹을지 말해요. 식권을 건네며 "우동 구다사이(うどんください/우동 주세요)."라고 말하면 바로 따끈한 우동 한 그릇을 준답니다. 휴게소에서 먹는 우동처럼 주문과 동시에 면을 데우고 국물을 부은 후 튀김을 얹어 나오지요. 특별할 게 없는 평범한 우동이지만, 그래서 더 정감이 가 계속 찾게 된답니다.

키소바 きそば
♡ 도쿄도 기타구 오지 1-3
⊙ AM 6 ~ PM 9   ✓ 쉬는 날 : 없음

가장 짧은 모노레일 아스카루고

아스카야마공원으로 가는 입구는 여러 군데예요. 그 중 일본에서 가장 짧은 모노레일인 아스카루고(アスカルゴ)를 타고 공원으로 들어가는 방법을 추천해요.

거동이 불편한 분들이나 유모차가 필요한 아이들을 위해 만든 모노레일이지만, 누구나 무료로 이용할 수 있어요. 2분 남짓한 짧은 시간 동안 꼭 잡은 손을 절대 놓지 않는 아이들을 보며, 저도 슬쩍 남편 손을 잡아 봤어요.

아스카루고 アスカルゴ
◯ 도쿄도 기타구 오지 1-1
◯ AM 10 ~ PM 4   ✓ 쉬는 날 : 없음

편안한 산책로 아스카야마

아스카야마(飛鳥山)는 도쿄에서 가장 작은 산이에요. 하지만 산 같은 느낌은 전혀 없고 편한 산책로 같아요. 아스카루고에서 내려 아스

카야마공원을 돌아보는 길은 어느 쪽으로 가도 상관없어요. 발길 가는 대로 걷다가, 쉬고 싶을 때 잠깐 쉬면 된답니다. 탁 트인 아스카야마공원은 누군가와 손을 잡고 걷기 좋은 장소예요. 봄에 아라카와선을 탄다면 이곳은 꼭 들러 보세요. 에도 시대(1603년~1867년)부터 벚꽃 명소로 알려져 많은 사람들이 찾거든요.

 아스카야마공원에는 세 개의 박물관-종이박물관, 아스카야마박물관, 시부사와사료관-이 있는데, 각각 300엔의 입장료를 내야 해요. 시부사와사료관은 입장료를 내야 들어갈 수 있고, 일본 특유의 강렬한 느낌과 역사 서술이 강해 조금 부담스러웠어요. 3층으로 지은 종이박물관은 입구에서 엽서나 편지지를 판매하지요. 입장료를 내고 들어가면 종이 제작 과정과 종이 변천사, 다양한 활용 방법, 그리고 폐종이 처리 과정 등 볼거리가 있답니다. 하지만 아이와 함께라면 자칫 아이가 지루해할지도 몰라요.

무료 관람 가능한 아스카야마박물관

박물관 입장료를 아끼고 싶다면, 중앙에 위치한 아스카야마박물관(飛鳥山博物館)을 추천해요. 아스카야마박물관에서는 아스카야마 역사와 관련된 전시를 볼 수 있어요. 웅장한 느낌을 주는 건물은 시설도 깔끔하고, 무료로 관람할 수 있는 공간과 쉼터도 곳곳에 마련되어 있어요. 유료 전시 부분을 관람하기 원한다면 1층에서 입장권을 사야 해요. 무료 관람이 가능한 부분만 보기 원한다면, 오른쪽에 있는 계단을 따라 내려가면 돼요.

계단을 내려가는 중간중간 박물관 내부를 엿볼 수 있어서 눈이 즐거워요. 계단을 끝까지 내려가면 박물관 내부로 들어가는 입구가 나와요. 여기서 정면에 보이는 엘리베이터를 타고 3층으로 올라가면, 무료 관람이 가능한 전시회를 즐길 수 있어요.

3층에는 아스카야마공원이 보이는 카페가 있고, 테마가 있는 소

규모 전시회도 열려요. 의자와 물도 있어 날씨가 좋지 않은 날에는 이곳에서 쉬어가면 좋아요. 방문 시기에 따라 어떤 전시회가 열릴지 모르지만, 언제나 새롭고 감동적인 작품을 준비하려는 노력이 보여요. 이런 전시를 무료로 볼 수 있음에 감사한 마음이 든답니다.

아스카야마박물관 飛鳥山博物館

♡ 도쿄도 기타구 오지 1-1-3
⊙ AM 10 ~ PM 4:30   ✓ 쉬는 날 : 월요일

아이들이 신나게 뛰노는 놀이터

박물관 앞에 있는 놀이터로 걷다 보면 6000형 노란 전차와 51853번 검정 증기기관차가 눈에 먼저 들어와요. 예전에 실제 운행되었던 전차들이죠. 낡은 전차 안에 앉아 차창 밖으로 신나게 뛰노는 아이들을 구경하면 시간 가는 줄 모른답니다.

아스카야마공원 놀이터는 아라카와 전차를 타고 이동하며 만나는 놀이터 중 놀 거리가 가장 많아요. 넓은 놀이터는 아이들이 좋아할 만한 것들로 가득해요. 어른 키를 훌쩍 넘는 코끼리 미끄럼틀도 스릴만점이고 그네와 뺑뺑이, 정글짐은 줄을 서서 탈 정도로 인기가 좋아요.

놀이터 한 가운데에 있는 모래성은 잡기 놀이를 하는 아이들로 시끌벅적해요. 맨발로 뛰어 다니며 어찌나 신나게 노는지, 아이들의 체력은 한계가 없어 보였어요. 집에도 안 갈 것처럼 정신없이 뛰어 놀던 아이가 갑자기 엄마에게 달려올 때도 있어요. 대부분 화장실이 급하거나 배가 고파서죠. 그래서 놀이터 한쪽에는 화장실과 매점이 마련되어 있어요. 아스카야마공원 놀이터에서는 아이와 함께 마음껏 즐거운 시간을 보낼 수 있답니다.

낡은 전차 안에 앉아 창밖을 볼 때, 이 노래가 생각나요. Mocca 의 'I Remember'. 그리고 'Happy'와 'I will'도 이 순간과 잘 어울려요.

I Remember

Happy

I will

여섯 번째 · 오지에키마에역

자동차와 아라카와 전차가 함께

 공원 중앙에 위치한 남쪽 입구로 내려와 큰 횡단보도를 건너 왼쪽을 보면 다음 정거장인 아스카야마역이 멀리 보여요. 오지에키마에역과 아스카야마역 사이는 아라카와선 구간 중 유일하게 자동차와 노면전찻길이 겹치는 구간이에요. 그래서 자동차와 전차가 함께 도로를 달리는 풍경을 볼 수 있답니다. 여유가 있다면 아스카루고를 타고 오지에키마에역으로 돌아가 아라카와선을 타고 이 구간을 지나보는 건 어떨까요? 특히 봄이라면 더욱 좋아요. 벚꽃이 활짝 핀 거리를 두 눈에 고스란히 담아 보세요.

일곱 번째 정거장

다키노가와잇초메역
滝野川一丁目

다키노가와잇초메역
滝野川一丁目

다키노가와잇초메역 둘러보기

1. 아스카야마역에서 키라라가 보이지만 걸어가는 길이 막혀 있기 때문에 다키노가와잇초메역에 내려요.
2. 동백꽃이 핀 기찻길 옆을 걸어가면 키라라에 도착해요.
3. 내렸던 곳에서 다시 와세다 방면 아라카와 전차를 타요.

⊙ 주말 : PM 12~PM 3
✓ 쉬는 날 : 월~금요일
(다른요일도 가끔 쉼)
P. 158

| 오지에키마에역 | ▶▶▶ | 다키노가와잇초메역 | ▶▶▶ | 고신즈카역 |
| 王子駅前 | | 滝野川一丁目 | | 庚申塚 |

나무 향 가득한 곳에서
전찻길 바라보기

키라라는 전찻길 바로 앞에 있어요. 차를 마시면서 아라카와 전차를 보기에는 이곳이 제일 좋아요. 큰 창문 너머로 달리는 전차를 볼 수 있는 몇 없는 카페이기도 해요.

키라라(木楽楽)는 카페 이름처럼 '나무들이 즐거운 곳'이에요. 건물 뒤쪽으로 돌아가면 목공소가 나오는데, 키라라 사장님이 카페 내부의 집기를 여기서 직접 만들었다고 하네요. 그래서일까요? 나무로 만든 키라라에 들어서면 나무 향이 온몸을 감싸는 듯해요.

주중의 키라라는 목재 공방과 영어를 가르치는 장소로 사용하고

있어요. 그래서 카페 키라라는 토요일과 일요일 오후 12시에서 3시까지만 문을 연답니다. 키라라 사장님의 목공 솜씨가 좋아서 축제나 행사가 잡히면 그 짧은 카페 영업마저도 휴무에 돌입해요. 저 역시도 다섯 번을 와서야 비로소 카페 안까지 들어갈 수 있었어요. 시간을 잘 맞춰 가더라도 문이 닫혀 있을 수 있으니 너무 실망하

지 않았으면 해요.

    나무 온기로 가득한 카페 내부는 자칫 투박해 보일 수 있지만, 하나하나 구경하다 보면 손님을 배려한 손길이 느껴져요. 의자 밑 바구니에는 가방이나 소지품을 넣기 좋아요. 딱딱한 나무 의자가 힘든 손님을 위해 준비한 방석과 추울 때 덮는 담요를 보관하는 선반도 사장님이 직접 발휘한 솜씨라고 해요.

    나무 향 가득한 키라라에 앉아 지나가는 전차를 보는 것만으로도 너무 여유롭고 편안해 져요. 주말에 전차 여행을 할 때면 시간을 꼭 맞춰 키라라를 찾게 되는 이유랍니다.

코스 따라 즐기는 요리

키라라는 음식도 맛있어요. 일인당 하나씩 메뉴를 주문해야 하는데, 1890엔짜리 세트 메뉴는 먹어볼 만하지요. 양이 많아서 세트 한 개를 시켜 나눠먹고, 나머지는 사람 숫자대로 음료를 시키면 좋아요. 1890엔 세트는 다양한 음식이 차례로 나와요. 샐러드로 입맛을 돋우고 나면 비프스튜에 빵과 스테이크가 나오지요. 버섯이 많이 들어간 소스는 향도 좋고 맛도 있어서 100엔을 내고 빵을 추가해 마지막 남은 소스까지 다 먹게 돼요. 차는 선반에 놓인 여러 종류 중 향을 맡아보고 고를 수 있어요. 맛있는 향이 나는 차를 골라 옆에 준비된 포트에서 물을 따라 마시면 돼요. 마지막으로 나온 푹신한 타마고 과자도 아주 별미에

요. 모든 요리를 정말 맛있게 먹었던 기억 때문인지 그 후로 키라라를 두 번이나 더 찾았지만, 행사 준비로 문을 닫아 발걸음을 돌릴 수밖에 없어 몹시 아쉬웠답니다.

차례로 나오는 1890엔짜리 세트 메뉴(왼쪽부터).

헛걸음 하지 않기를

키라라는 정말 추천하는 장소지만, 언제 쉴지 모르는 가게라 혹여나 헛걸음을 하게 되지는 않을까 걱정이 앞서요. 이 책을 읽은 분들이 가는 날에는 가게 문이 꼭 열려 있기를 바랄게요.

만약 키라라에 방문하게 된다면 나무 향에 한 번 반하고, 지나가는 전차를 보며 마시는 차 향기에 또 한 번 반하실 거예요.

키라라 木楽楽
- 도쿄도 기타구 다키노가와 1-14-9
- 주말 PM 12 ~ PM 3   ✔ 쉬는 날 : 월~금요일(다른 요일도 가끔 쉼)

여덟
번째
정거장

고신즈카역
庚申塚

고신즈카역 둘러보기

1. 건너편 대각선에 있는 고신즈카역(미노와바시 방면)에서 칸미도코로를 들른 후 건널목을 건너요.
2. 쭉 걸어가다 우체국을 지나 메론 빵 가게 맞은편 골목으로 들어가면 파이트 교자가 있어요.
3. 큰 길로 돌아 나와 일자로 뻗은 길을 걸어가며 구경해요.
4. 육교를 건너 APA호텔 옆 골목으로 들어가서 쭉 걸으면 사쿠라 온천이 나와요.
5. 사쿠라 온천에서 나올 때 셔틀버스를 타면 JR 스가모역에서 내려줘요.
6. 전차 여행을 계속 하려면, 내렸던 곳에서 다시 아라카와 전차를 타요.

고신즈카역
庚申塚

| 다키노가와잇초메역 | ▶▶▶ | **고신즈카역** | ▶▶▶ | 오쓰카에키마에역 / 무코하라역 |
| 滝野川一丁目 | | **庚申塚** | | 大塚駅前 / 向原 |

할머니들의 하라주쿠
고신즈카

'할머니들의 하라주쿠'로 불리는 고신즈카 상점가에는 다양한 가게가 늘어서 있어요. 사람이 붐비는 번화가 하라주쿠가 지닌 화려함도 볼만 하지만 오늘은 할머니 할아버지가 쇼핑을 즐기러 나오는 고신즈카의 매력에 빠져보는 건 어떨까요?

고신즈카역에서 내리면 바로 보이는 쭉 뻗은 거리에서 마주치는 분들의 연령대가 다른 지역보다 높아 보이지만 그래서 더 기억에 남아요. 북적거리는 거리를 오가며 사람 구경, 가게 구경을 하다 보면 어느새 시간이 훌쩍 지나가 있답니다.

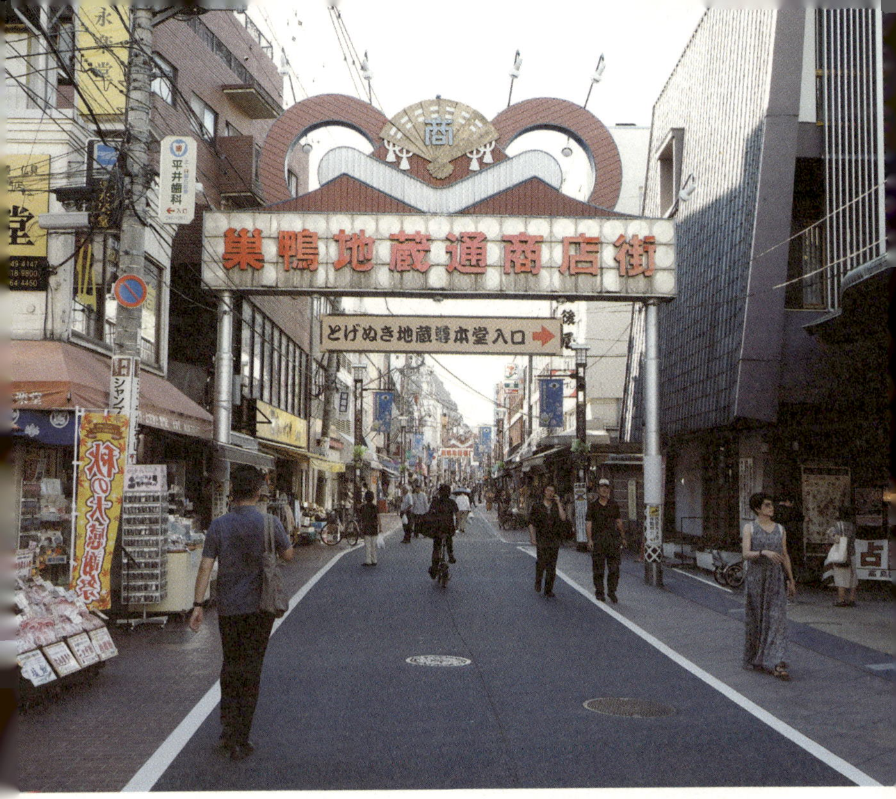
巣鴨地蔵通商店街
とげぬき地蔵尊本堂入口
平井歯科

COFFEE
ひろ
03-6903-5470
Coca-Cola
COFFEE

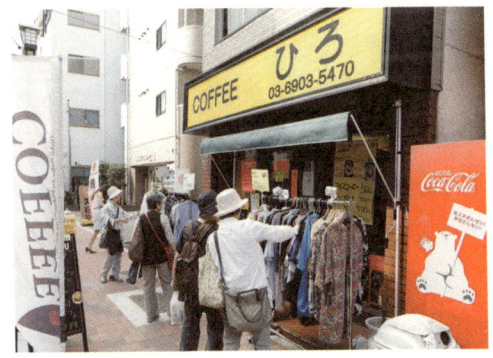

달달한 팥떡 한입, 칸미도코로

 미노와바시 방면으로 가는 고신즈카역 바로 앞에 있는 칸미도코로(甘味処)는 아라카와선이 멈추는 역 중에서 정거장과 가장 가까운 가게예요. 다키노가와잇초메역에서 몇 걸음 떨어진 키라라가 지나가는 전차를 보기에 안성맞춤이었다면, 칸미도코로는 역사(驛舍)에 붙어 있어서 멈춰선 전차를 보기에 좋아요.
 칸미도코로에는 다양한 메뉴가 있어요. 그 중 320엔짜리 팥떡과 말린 미역절임 그리고 차가 함께 나오는 세트가 훌륭해요. 양도 적절

해 간식으로 먹기 좋아서 고신즈카를 들를 때면 늘 320엔을 준비하죠.

칸미도코로의 팥떡은 멥쌀과 찹쌀을 섞어 쪄서 가볍게 손으로 쳐댄 후 동그랗게 빚어 단팥을 겉에 듬뿍 묻혀 나오는데, 제주도 오메기떡과 비슷한 느낌이에요. 달면서도 밥 한 그릇 먹은 듯한 든든함이 있어요. 달달한 떡을 먹은 후 집어든 짭조름한 미역줄기가 단맛을 없애주고 고소한 차는 입안을 말끔하게 정리해 주지요.

홋카이도산 특선 팥을 사용해 직접 만든 떡은 전차 모나카처럼 아라카와선 명물이라 가게 앞에서는 팥떡만 따로 판매하기도 해요. 배가 불러서 한 사람당 하나씩 주문하기 힘들다면, 한두 개만 포장해 공원에 앉아서 먹어도 좋아요.

여름에는 빙수가 최고 인기 메뉴예요. 곱게 갈린 수북한 얼음 사이사이에 팥이 들어 있어요. 아무 맛도 나지 않는 미끌미끌한 떡을 시원한 팥과

320엔짜리 팥떡과 말린 미역절임, 차가 함께 나오는 세트 메뉴(위), 여름 인기 메뉴인 빙수.

함께 먹으면 그 맛이 오묘해요. 무더운 여름에 이 빙수 한 그릇이면 속까지 모두 시원해져요.

칸미도코로 甘味処
◎ 도쿄도 도시마구 니시스가모 2-32-10
◉ AM 10 ~ PM 5(주말 PM 6)   ✔ 쉬는 날 : 목요일

눈도 입도 즐거운 쇼핑 거리

고신즈카는 어르신들의 거리로 불리는 만큼, 판매하는 물건도 예사롭지 않아요. 할머니들을 위한 쇼핑 거리가 확실하죠. 어지러울 정도로 꽃무늬가 가득한 원피스와 화려하지만 굽이 없는 편한 신발, 색색의 우산과 모자가 먼저 눈길을 끌어요. 촌스러운 듯 큼직한 쇼퍼백과 잠시 앉을 수 있는 보조 의자가 달린 카트, 지팡이 달린 의자까지. 어느 하나 그냥 만들어지지 않고 실용적이면서 멋까지 더해져 지나가는 할머니들의 발걸음이 멈춰서요. 천천히 구경하면 꽤 괜찮은 물건이 많아요. '엄마와 함께 이곳에 온다면 정말 좋아하시지 않을까?'라는 생각도 스쳐 간답니다.

고신즈카는 패션뿐만 아니라 먹거리도 참 다양해요. 메론 빵 체인점도 간간이 있지만, 화려한 케이크나 디저트, 커피 대신 센베와 절임 간식, 꼬치, 여러 가지 말린 찻잎이 주를 이루죠. 우리나라처럼 일본도

할머니들의 쇼핑은 충동구매가 없어요. 매의 눈으로 이것저것 살피고 가게 몇 군데를 거쳐 드디어 지갑 속 동전이 나오죠. 이곳에는 시식이 준비된 가게가 드문드문 있어요. 맛을 봐야 할머니들의 지갑을 열 수 있기 때문이겠죠? 덕분에 시음용 음료를 마시면서 간단한 쇼핑을 할 수 있어요. 그렇게 한숨 돌리며 이 거리를 걸어요.

최고의 맛! 파이트 교자

아라카와선 전차 여행을 하며 가본 음식점 중 제가 가장 좋아하는 가게가 파이트 교자(ファイト餃子)예요. 지극히 주관적인 선정이지만, 전 좋아하는 음식을 물으면 단번에 '만두'라고 대답할 만큼 만두를 좋아하거든요. 고신즈카 거리에는 일본에서 손 꼽힐 정도로 맛있는 만두 가게가 있답니다.

파이트 교자는 450엔을 내면 교자 10개가 나와요. 처음에는 250개에 11250엔이라는 메뉴판을 보고 250개나 주문하는 사람이 있을까 했는데, 먹어 보니 정말 한없이 먹을 수 있겠다는 생각이 들었어요.

이곳은 궈티에(구운 납작 만두) 방식으로 교자를 만들어요. 후라이팬에 생교자를 나란히 놓고 물을 넣어 13분간 굽지요. 생교자를 사용하

면 팬에 잘 달라붙기도 하고, 빠른 회전이 안 될 경우 교자가 망가져 아무데서나 시도할 수 없다네요. 그래서 더 맛있나봐요.

    단단하고 바삭한 겉 부분을 한입 베어 물면 부드러운 속이 느껴지면서 육즙이 입 안 가득 퍼져요. 이 맛에 반해 혼자 맥주 한 잔과 교자를 먹는 분도 많지요. 만두를 좋아한다면, 파이트 교자는 꼭 들러 보세요.

450엔에 10개가 나오는 파이트 교자. 10개 단위로 주문이 가능하다.

파이트 교자 ファイト餃子

♡ 도쿄도 도시마구 스가모 4-23-6
◎ AM 11:30 ~ PM 8 / Break Time PM 2~5   ✓ 쉬는 날 : 화요일

머리부터 발끝까지 빨갛게, 빨간 바지

고신즈카에는 할머니들의 인기 아이템인 빨간 바지(赤パンツ)도 있어요. 이곳에서 파는 물건들로 전신을 빨갛게 두를 수 있지요. 빨간색만으로도 이렇게 다양한 상품을 만들 수 있다는 사실이 놀라워요.

1952년에 문을 연 빨간 바지는 1호점부터 4호점까지 동일한 매장이에요. 세계 최초라는 설명답게 틈새시장 공략에 성공한 빨간 바지는 눈길을 끄는 효과가 확실히 있어요. 이곳에서 판매하는 빨간 직물은 탈색이 잘 되지 않는 특징이 있다고 해요.

여기저기 구경하다 보면 빨간 옷이 몸을 따뜻하게 해 신진대사를

촉진시키고 단전을 덮어 에너지 보충 효과가 있다는 직원의 설명에 슬슬 빠져 들어요. 어느덧 절대 입을 생각도 못했던 빨간 옷에게로 분주히 눈이 돌아가요. 빨간 내복이 예뻐 보이는 건 기분 탓이 아니겠지요?

    결국 빨간 속바지를 하나 샀어요. 그런데 너무 뺄강에 둘러싸여 있어서일까요? 가게를 나와서도 눈이 침침하네요.

빨간 바지 赤パンツ

◯ 도쿄도 도시마구 스가모 4-22-7
◯ AM 10 ~ PM 6:45(가게마다 조금씩 다름)　✓ 쉬는 날 : 없음

잠시 쉬었다 가는 히다마리야

고신즈카는 할머니 할아버지들을 위한 곳이라 건강 관련 상품을 무료 체험할 수 있는 매장이 많아요. 물론 판매가 목적이지만 여행자에게는 편히 쉬어갈 수 있는 장소이기도 해요. 빨간 바지에서 조금 더 들어가면 고신즈카에 있는 건강 관련 매장 중 원적외선을 이용한 온열 치료기가 있는 히다마리야(ひだまりや)가 나와요.

어느 날, 가게 안을 구경하는 제게 직원이 다가와 '무료로 앉아 쉬어 가는 곳'이라며 안내를 했어요. 자리를 잡고 앉으면 반구로 된 기구를 대주는데, 20분 정도 쉬어갈 수 있어요. 친절한 안내 덕분에 일본어를 못해도 큰 무리 없이 이용할 수 있답니다.

고신즈카의 건강기구 체험 매장은 대부분 연세 있는 분들이 찾지만 젊은 연인도, 학생도, 함께 장을 보던 엄마와 딸도 잠시 앉았다 가는 모습을 볼 수 있어요. 처음 만난 사람끼리 서로 이런저런 이야기를 나누는 유쾌한 곳이기도 하죠.

히다마리야 ひだまりや
♡ 도쿄도 도시마구 스가모 4-22-4
⊙ AM 10 ~ PM 7   ✔ 쉬는 날 : 수요일

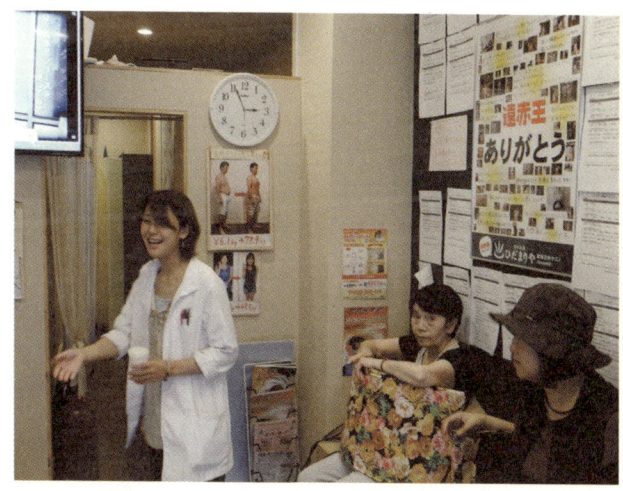

신칸센이 배달하는 회전 초밥, 카이센미사키코우

히다마리야에서 스가모역 방향으로 쭉 내려오다 보면 한 접시에 110엔인 회전 초밥 가게 카이센미사키코우(海鮮三崎港)가 있어요. 접시 색깔에 따라 가격 차이가 약간 있지만 110엔이어도 질이 나쁘지 않고, 실내가 깔끔하고 넓어서 좋아요. 게다가 한국어로 된 터치 화면으로 주문이 가능해 어렵지 않게 식사할 수 있지요. 주문을 하고 나면 잠시 후 '쉭' 하는 소리와 함께 신칸센 모형이 초밥을 자리까지 배달해 줘요.

다 먹은 후 화면 오른쪽 위 계산 버튼을 누르면 직원이 자리로 와서 계산을 해준답니다. 이곳은 일본어를 전혀 몰라도 불편함 없이 초밥을 먹고 나올 수 있어요.

카이센미사키코우 海鮮三崎港
- 도쿄도 도시마구 스가모 3-34-1
- AM 11 ~ PM 10 ✓ 쉬는 날 : 없음

저렴한 드럭 스토어, 만성당약국

고신즈카에서 스가모역 근처로 계속 걷다 보면 드럭 스토어(약국)들이 점점 많이 보여요. 스가모역 근처의 드럭 스토어들은 유명 여행지와 가격 차이가 확연히 나요. 일본 여행에서 꼭 사야할 몇 가지 상품을 이곳에서 저렴하게 구입할 수 있지요. 같은 상품을 도쿄 공항에서 살 때보다 절반은 떨

구내염에 효과가 좋은 다이쇼 패치는 560엔(위), 32포가 들어 있는 오타이산 소화제는 760엔.

어진 가격으로 살 수 있답니다.

화장품이나 식품류는 이미 한국에 정식 수입되어 편하게 구매할 수 있어요. 하지만 스킨케어 화장품이나 바디·헬스·뷰티케어 용품들은 한국에서 살 때보다 훨씬 저렴하게 구매할 수 있답니다. 눈을 시원하게 해주는 아이봉이나 발 마사지 패치인 휴족시간은 특히 가격 차이가 꽤 나서 이곳에서 구매하면 좋아요.

오타이산 소화제와 구내염에 좋은 다이쇼 패치, 눈에 좋은 간유구 사탕은 제가 자주 구매하는 상품이에요. 부피도 작고 가격도 저렴해 선물용으로 참 좋거든요. 특히 560엔짜리 다이쇼 구내염 패치는 입안이 자주 헐어 고생하는 딸아이를 위해 항상 구매해요. 구내염이 생긴 부분에 스티커로 된 패치를 붙이는데, 전혀 끈적이지 않고 효과도 좋아요. 붙이고 음식을 먹어도 따갑거나 아프지 않아서 입안이 잘 허는 아이들에게 필수품이에요. 소화가 안될 때 빠른 효과를 볼 수 있는 오타이산 소화제는 주변 사람들이 먼저 사달라고 할 정도로 괜찮은 상품이죠. 가만가만 보고 있으면 좋은 상품이 꽤 많아요.

만성당약국 萬盛堂薬局
♡ 도쿄도 도시마구 스가모 3-21
⊙ AM 10 ~ PM 7   ✓ 쉬는 날 : 없음

하루의 피로를 풀어주는 사쿠라 온천

고신즈카역에서 스가모역까지 걸어갔다면, 바로 사쿠라 온천(東京染井温泉)으로 향하면 어떨까요? 왕벚나무 발상지인 스가모에서 즐기는 천연 온천은 일본 전통 여관 느낌이 나면서도 고급스러워요. 2005년에 문을 연 사쿠라 온천은 깨끗한 시설과 온천 수질이 좋아 일본에서도 유명해요. 일부러 기차를 타고 찾아오는 분들이 있을 정도거든요. 여행객들이 많이 찾는 다른 온천처럼 유카타를 빌려주거나 주변 먹자 거리가 활성화되지는 않았지만, 갈 때마다 관리가 잘 되어 있는 모습에 신뢰가 간답니다.

사쿠라 온천에 들를 계획이 있다면 타올 비용(324엔)이 추가로 들기 때문에 타올은 미리 챙기는 게 좋아요. 타올이 없다면 카운터에서 타올과 락커 열쇠를 받은 후 탈의실에 들어가 빈 락커를 찾아 열쇠를

넣으면 돼요. 이때 락커 위치와 번호를 기억해야 나중에 보관물을 쉽게 찾을 수 있어요.

    대부분 37.9도에 맞춰진 실내의 여러 탕도 좋지만, 42도인 야외 노천탕이 참 좋아요. 추운 날, 따뜻한 물 안에 앉아 몸을 감싸는 차가운 바람을 맞는 시원함이 어찌나 상쾌한지. 몸이 따뜻해질수록 공기가 맑고 맛있다는 느낌도 들지요. 몸은 녹녹한데 코끝은 시린 겨울의 사쿠라 온천은 꼭 추천하고 싶어요.

남편은 온천욕 후 마시는 병우유 하나를 최고의 행복으로 꼽아요. 편의점에서 팔지 않는 온천 병우유는 정말 고소하지요. 열쇠 반납과 계산이 모두 끝나면 작은 선물도 준답니다.

사쿠라 온천은 밤 11시까지 문을 열기 때문에 아라카와 여행을 끝내고 이곳에 들르길 추천해요. 온천욕을 하고 숙소로 간다면 여행으로 쌓인 피로를 풀고, 침대와 하나 되어 잘 수 있답니다. 다음날 아침 세수를 할 때 한결 좋아진 피부도 확실히 느낄 수 있을 거예요.

락커 잠금장치. 소록색이 보이면 락커가 열린 상태이고, 빨간색이 보이면 잠긴 상태가 된다(위). 온천 후 마시기 좋은 130엔짜리 병우유.

사쿠라 온천 東京染井温泉, SAKURA

♡ 도쿄도 도시마구 고마고메 5-4-24
◎ AM 10 ~ PM 11(입장 마감 PM 10:30)   ✓ 쉬는 날 : 없음
⊟ 입장료 : 어른 1296엔, 어린이 735엔(3세 이상 12세 미만)

오쓰카에키마에역 大塚駅前
무코하라역 向原

오쓰카에키마에역/무코하라역 둘러보기

1. 오쓰카에키마에역에 내려서 은행이 있는 쪽으로 길을 건너요.
2. 은행 옆으로 쭉 이어진 아라카와 전찻길을 따라 걸어요.
3. 장미 핀 전찻길을 걸으며 센나리 모나카, 센야, 공원 등을 둘러보고 무코하라역에서 와세다 방면 아라카와 전차를 타요.

| 고신즈카역 | ▶▶▶ | **오쓰카에키마에역** | **무코하라역** | ▶▶▶ | 기시보진마에역 |
| 庚申塚 | | 大塚駅前 | 向原 | | 鬼子母神前 |

장미로 가득한 전찻길 거닐기

    오쓰카에키마에역에서 무코하라역까지는 걸어서 10분도 안 걸리는 짧은 거리예요. 노면전찻길을 따라 핀 장미는 전차 안에서 바라봐도 좋지만, 걸으면서 보는 게 더 좋아요. 그래서 벚꽃과 장미가 한껏 피는 계절에는 이 구간을 꼭 걸어보기를 권해요. 특히 5월과 6월 그리고 가을 장미가 피는 10월부터 11월 초까지 흐드러지게 핀 장미를 감상하며 전찻길을 걷는다면 마냥 행복한 기분이 들 거예요. 다채롭고 화려한 색을 뽐내는 장미를 보면, 이 길을 걷기만 해도 덩달아 예뻐질 것 같아요.

아홉 번째 · 오쓰카에키마에역/무코하라역

80년 전통 센나리 모나카

장미로 수놓인 길 옆에 자리한 센나리 모나카(千成もなか本舗)에서는 100엔이면 모나카를 살 수 있어요. 원하는 색을 손으로 가리키면 정성스럽게 포장한 모나카가 나와요. 100엔 모나카를 한입 가득 베어 물면 약간 떨어졌던 당이 보충되는 느낌이에요.

110엔이라고 적힌 하얀 소금 찹쌀떡도 괜찮아요. 처음 느껴지는 짠맛에 조금 놀랄 수 있지만, 먹을수록 맛있는 소금떡이에요. 쫀쫀한 160엔짜리 도라야끼(징을 뜻하는 '도라'와 굽다는 뜻인 '야끼'의 합성어)도, 달달한 팥이 가득 든 국화 모나카도 맛있어요. 꽃 모양 모나카를 한 손에 들고 전찻길 가득 핀 장미 중 가장 어울릴 만한 꽃과 함께 사진을 찍으려고 이꽃 저꽃 열심히 살펴보기도 했어요. 오랜 전통이 깃든 모나카 하나를 먹으며 장미로 가득한 길을 걷는다면, 내딛는 걸음마저도 달달해질 거예요.

센나리 모나카 千成もなか本舗
♡ 도쿄도 도시마구 미나미오쓰카 3-54-4
⊙ AM 9 ~ PM 5   ✓ 쉬는 날 : 없음

촉촉한 계란말이가
맛있는 센야

오쓰카에키마에역에서 무코하라역으로 가는 길에서는 언제나 장미 가득한 전찻길만 보고 걸었어요. 그러다 장미가 한 송이도 없던 겨울, 보슬비 사이로 센야(せんや)를 발견했어요. 센야는 길가에서 바로 보이는 곳에 있었는데, 그동안 왜 한 번도 보지 못한 걸까요?

850엔짜리 연어구이 정식(왼쪽)과 300엔짜리 계란말이.

　센야는 안쪽에 식사할 수 있는 공간이 마련되어 있어요. 하지만 튀김이나 계란말이 한 상자를 포장해서 들고 나와도 되지요. 생크림이 들어간 듯 부드럽고 폭신한 계란말이는 후회하지 않을 맛이에요. 식사를 해야 한다면, 연어구이 정식이 깔끔하고 훌륭하답니다. 정성들인 음식 하나하나의 맛이 감동스럽기까지 해요.

센야 せんや
- 도쿄도 도시마구 미나미오쓰카 3-49-8
- AM 11 ~ PM 10　　✓ 쉬는 날 : 일요일·공휴일

장미 마을 오쓰카

장미로 가득한 오쓰카는 일본 '꽃마을 만들기' 대회에서도 당당히 1위를 차지했어요. 이곳도 미노와바시역처럼 사진을 찍는 분들이 많아요. 사람들은 상태가 잘 유지된 장미들을 사랑스럽게 바라보며 이 멋진 장면을 눈과 카메라에 담곤 해요. 여기에 구불구불한 전찻길은 더욱 운치 있는 구도를 만들어 준답니다.

장미는 색에 따라 꽃말도 참 예뻐요. 빨간 장미는 열렬한 사랑을, 하얀 장미는 존경과 순결을, 분홍 장미는 행복한 사랑을 의미한대요. 제각기 아름다움을 뽐내는 장미들이 어찌나 눈길을 사로잡던지….

오쓰카에키마에역에서 무코하라역까지 사진을 찍으며 천천히 걷다 보면 시간이 훌쩍 지나가요. 장미가 활짝 피는 계절에 이 길을 놓친다면 너무 아깝지 않을까요?

피아노 포엠 '사랑 꽃이 피었습니다'와 '봄날의 곰을 좋아하세요', 박보영 '나의 왕자님'을 들으며 장미 핀 전찻길을 산책한다면 더 좋을 거예요. 시간이 흐른 어느 날, 어딘가에서 이 곡을 듣게 된다면 그때 이 꽃길이 생각나겠죠?

사랑 꽃이
피었습니다

봄날의 곰을
좋아하세요

나의
왕자님

아홉 번째 · 오쓰카에키마에역/무코하라역

열 번째 정거장

기시보진마에역
鬼子母神前

기시보진마에역
鬼子母神前

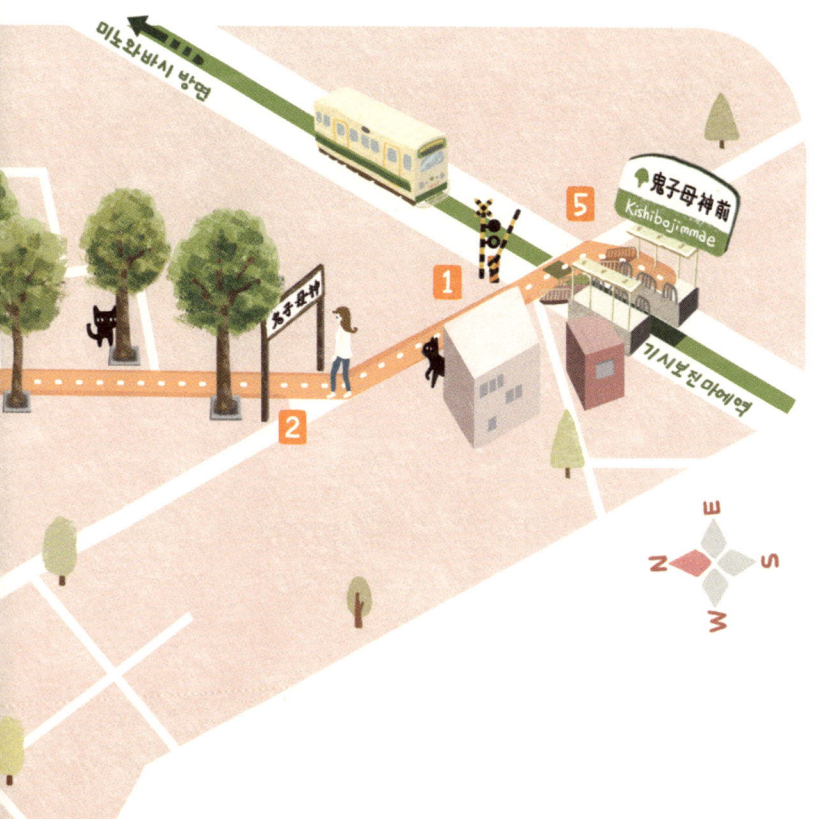

기시보진마에역 둘러보기

1. 기시보진마에역에서 내려 왼쪽 방향의 전찻길 횡단보도를 건너요.
2. 골목으로 쭉 들어가 기시보진(鬼子母神)을 알려주는 나무 표지판을 지나가요.
3. 양 갈래로 길이 나눠지면 왼쪽으로 꺾어요.
4. 화장실과 놀이터를 지나 기시보진 입구로 들어가요.
5. 왔던 길을 돌아 나와 내렸던 곳에서 와세다 방면 아라카와 전차를 타요.

| 오쓰카에키마에역 | 무코하라역 | ▶▶▶ | 기시보진마에역 | ▶▶▶ | 오모카게바시역 |
| 大塚駅前 | 向原 | | 鬼子母神前 | | 面影橋 |

기시보진마에역에서
추억은 방울방울

'순산과 육아의 신'을 모셨다는 기시보진(鬼子母神)은 다카하타 이사오가 만든 〈추억은 방울방울〉이라는 애니메이션의 배경이 된 카미카와구찌야가 있는 곳이에요.

카미카와구찌야를 찾아가는 길은 동네 골목일 뿐인데, 걷기만 해도 숲속에 들어온 느낌이 들어요. 울창하고 짙은 나뭇잎 사이로 보이는 조각난 파란 하늘은 언제나 상쾌하답니다. 골목길에 당당히 자리한 나무들은 얼마나 오랫동안 서 있었는지 벽과 하나가 된 듯해요. 무성한 잎이 만든 그늘이 길게 드리워져 한적함마저 느껴지는 길을 뚜벅뚜

벅 걸어 보세요.

　쭉쭉 뻗은 큰 나무들을 보며 끝까지 걸어가면, 왼쪽 저 멀리 기시보진이 보여요. 1561년에 지은 기시보진은 크지는 않지만, 수백 년을 살아온 나무들 사이에 있어서인지 어딘가 신비로워 보이지요.

　기시보진 입구의 빨간 도리이(일본 신사 입구에 있는 전통 문)를 한 바퀴

돌아 나오면 오래도록 아이를 건강하게 지켜줄 수 있다는 이야기가 있어요. 그래서 일본의 엄마들은 그 의미를 좇아 이곳을 찾는다고 해요. 이 길을 걸어 나오는 것만으로 아이를 건강하게 키울 수 있다면 얼마나 좋을까요?

빨간 도리이 중앙에는 둘레가 11m에 달하는 은행나무가 있어요. 이 은행나무는 700년 가까운 시간 동안 한 자리를 지키며 높이가 30m에 달하는 거목이 됐답니다. 사진 한 장에 담을 수도 없을 만큼 크고 웅장해요. 700년이라는 오랜 시간 동안 나무가 건강하게 자란 모습을 보

면 참 대단하다는 생각이 들어요.

은행나무뿐만 아니라 지은 지 600년이 다 되어가는 기시보진도 보존 상태가 훌륭해요. 기시보진은 1960년에 도쿄도 유형문화재로 지정됐고, 그 이후 54년에 걸쳐 에도 시대 모습으로 복원과 수리가 이루어졌다고 해요.

이곳에 서 있으면 다른 한편으로는 가슴에 무거운 돌을 얹은 듯 먹먹함을 느껴요. 이 은행나무를 심은 때와 비슷한 시기에 조선이 건국됐거든요. 그래서인지 우리나라 문화재들이 잠시 생각났어요. 문화재로서 가치나 역사적 의미를 인정받지 못해 소실된 문화재부터 일제강점기에 불타버려 복원조차 불가능해진 문화재까지. 마음 한 구석에 피어오르는 안타까움은 어쩔 수가 없나 봐요.

추억은 방울방울, 카미카와구찌야

은행나무에서 조금만 더 들어가면 드디어 카미카와구찌야(上川口屋)가 나와요. 1781년에 문을 연 카미카와구찌야는 200년이 넘도록 이 자리를 지켰다고 해요. 〈추억은 방울방울〉을 미리 보고 간다면 애니메이션 속 어린 타에코를 느낄 수 있고, 어느덧 80세(1940년생)에 가까운 마사오 할머니도 반갑게 다가올 거예요. 13대 가게 주인이자 67년 동안(2017년 기준) 이 자리를 지켜온 할머니를 만나면, "마사오오바—상, 오겡기데스까?(マサオおばあさんお元気ですか/마사오 할머니 안녕하셨어요?)"라고 말해 주세요.

가게 한쪽에는 할머니와 고양이 후미가 그려진 그림 엽서도 있어요. 지금은 하늘나라로 간 후미는 17년 동안 할머니의 가장 든든한 친구였나 봐요. 가게에 걸린 사진들을 가만히 보고 있으면 시간을 가둬 놓은 듯 젊은 시절의 할머니와 건강한 후미의 모습도 볼 수 있어요. 다음에 이곳을 찾을 때에도 밝게 웃는 할머니를 뵐 수 있기를 바라며 돌아 나와요.

카미카와구찌야 上川口屋
♡ 도쿄도 도시마구 조시가야 3-15-20
⊙ AM 10 ~ PM 6   ✓ 쉬는 날 : 비오는 날

The Rose

열 번째 · 기시보진마에역

카미카와구찌야가 잘 보이는 의자에 앉아 〈추억은 방울방울〉 ost인 Westlife의 'The Rose'를 들어 보세요. 그리고 옆에 사랑하는 사람이 있다면 말해 주세요. "I say love, it is a flower, and you its only seed~"

비밀의 다락방 같은 키아스마 커피

키아스마 커피(キアズマ珈琲)는 입구만 보면 쿄토의 작은 골목길에서 흔히 만날 수 있는 카페 같아요. 격자로 된 유리문이 주는 느낌이 좋은 곳이죠. 이 가게는 2층 건물인데, 폭이 좁은 나무계단은 마치 비밀의 다락방에 올라가는 느

낌을 준답니다. 좁은 계단과는 달리 2층은 1층보다 더 넉넉하고, 혼자만 앉을 수 있는 구석진 테이블도 있어요. 키아스마 커피는 단골이 많은지, 서로 반갑게 인사 나누는 풍경이 새롭게 다가왔어요. 도쿄 사람들의 일상도 커피와 함께라면 언제나 즐거워 보여요.

이곳은 한 명당 하나의 메뉴를 주문해야 해요. 직접 원두를 볶는 키아스마 커피는 쓴맛이 강해서 크림을 넣어 마시면 부드럽게 즐길 수 있어요. 커피가 부담 된다면 400엔짜리 핫도그나 케이크를 사먹어도 괜찮지요. 천천히 커피를 마시며 묵혀둔 이야기를 나누기 좋은 곳이랍니다.

각종 블렌드 커피는 450엔, 핫도그는 400엔(위부터). 케익과 커피 혹은 핫도그와 커피로 구성된 세트는 800엔으로 즐길 수 있다.

키아스마 커피 キアズマ珈琲

♡ 도쿄도 도시마구 조시가야 3-19-5
◉ AM 10:30 ~ PM 7   ✓ 쉬는 날 : 수요일

잠깐 멈춤의 여행

 예쁜 동네길을 걷다가 한번은 어린 딸아이에게 사진기를 맡겼어요. 그런데 이미 같은 코스를 여러 번 다녀온 제가 보지 못한 것들이 사진 속에 담겨 있었죠. 분명 같은 거리를 걸었는데 말이에요. 어디서 찍은 거냐고 물었더니, 아이는 "엄마는 앞만 보고 가지만, 난 하늘도 보고 옆도 보고 바닥도 보고 다녀."라며 웃네요. 아이와 함께한 여행 이

후 시선을 돌려보니, 같은 장소라도 새롭게 보이는 게 아주 많았어요.

바쁘게 발걸음을 옮겨야 하는 여행지에서는 모두가 목적지 앞에서 사진만 몇 장 찍고 다음 코스로 넘어가기 쉽지요. 그래도 소셜네트워크 인증을 위한 사진만 찍고 떠나지 않았으면 해요. 이 책을 보며 아라카와선을 타고 여행을 한다면, 책 속에 있는 한 장의 사진 옆으로 펼쳐지는 아름다운 풍경과 주변 사람들, 그리고 그날의 바람과 그곳의 향기를 충분히 느낄 수 있는 시간을 보내길 바랄게요. 책이나 블로그에서 알려주는 장소를 찾아가는 길의 중간에서 선물처럼 다가오는 순간을 만날 거예요.

기시보진마에역에서 내려 마주치는 동네 풍경도 그런 순간이에요. 하루는 골목길 사이를 걷다가 벨이라는 이름의 큰 개를 만났답니다. 누가 지나가든 신경 쓰지 않고 앉아만 있는 벨. 하지만, "베루~ 베루."라고 부르면, 다가와 인사해 줘요. 벨의 집 앞 골목길에 있는 화분 속 수많은 작은 물고기도 놓치지 말고 만나 보세요.

열한 번째 정거장

오모카게바시역
面影橋

오모카게바시역
面影橋

오모카게바시역 둘러보기

1. 오모카게바시역에서 내려 민트색 오모카게 다리를 건너요.
2. 갈림길에서 오른쪽으로 꺾어 〈시간을 달리는 소녀〉에 나온 거리를 구경해요.
3. 오모카게 다리와 큰 길을 건넌 후 와세다 방향으로 걷다가 검정 구조물이 나오면 오른쪽 골목으로 꺾어요.
4. 건물 뒤로 가면 간센엔공원 표지판이 나오는데, 놀이터 왼쪽에 간센엔공원 입구가 있어요.
5. 간센엔공원을 둘러본 후 왔던 길로 돌아 나와 오모카게 다리 맞은편 골목으로 들어가요.
6. 양쪽에 거울이 나오면 위쪽 골목길로 들어가 큰 길로 나가요.
7. 횡단보도를 건너면 야마구치 라멘이 있고, 큰 길을 따라 계속 내려가면 서동시집과 이나호가 있어요.
8. 내렸던 곳으로 돌아와 와세다 방면 아라카와 전차를 타요.

기시보진마에역	▶▶▶	오모카게바시역	▶▶▶	와세다역
鬼子母神前		面影橋		早稲田

비밀스럽게, 수줍게
오모카게바시역에서 보물찾기

    오모카게바시역에서 내리면 칸다강을 가로지르는 작은 오모카게 다리가 보여요. 에도 백경(동경 인근인 에도 명소를 그린 다색목판화 '우키요에' 시리즈)에 그려진 명소인 오모카게 다리는 지금은 현대식으로 새로 지어져 예전 모습이 전혀 남아 있지 않지요. 하지만 오모카게 다리 위에 서서 보는 칸다강과 양 옆으로 한참을 늘어선 벚꽃나무를 보는 것만으로도 좋아요.

    여기서 조금만 더 걸어가면, 호소다 마모루 감독의 애니메이션 〈시간을 달리는 소녀〉에 등장한 장소가 나와요.

    이곳은 남자 주인공 치아키가 갑작스러운 고백을 하자 아직 마음의 준비가 안 된 여자 주인공 마코토가 몇 번이고 다시 시간을 되돌리는 장면에 등장하는 장소랍니다. 한국에서도 좋은 평가를 받았던 〈시간을 달리는 소녀〉를 재미있게 보셨다면, 마코토가 시간을 되돌리는 갈림길에 서 보는 경험도 즐거운 추억으로 남을 거예요.

열한 번째 · 오모카게바시역

때론 포근하게, 때론 비밀스럽게 간센엔공원

　오모카게바시역에서 꼭 가봐야할 곳은 나무로 둘러싸여 포근한 느낌을 주는 간센엔공원(甘泉園公園)이에요. 1969년에 구립 공원으로 지정된 간센엔공원은 미도리의 신주쿠 30선, 일본의 역사 공원 100선에 선정된 숨은 명소이기도 해요. 여기서는 진달래, 수국, 단풍, 눈 등 사계절 볼거리로 가득한 일본식 정원을 만날 수 있어요.

　알록달록한 놀이터를 지나 간센엔공원 입구로 들어서면 아기자기하게 가꾼 나무들이 반겨줘요. 편안한 마음이 들면서 순간, 여기가 도쿄가 맞나 싶어요. 비밀스러움이 가득한 깊은 숲속으로 순간이동한 느낌이 들었거든요. 간센엔공원은 햇볕이 화창한 날도 좋지만 비가 땅을

열한 번째 · 오모카게바시역

촉촉하게 적시는 날, 투명 우산을 쓰고 걷기에도 좋아요.

이곳은 아라카와 자연공원이나 아스카야마공원에 펼쳐진 탁 트인 공간과는 다르게 사방이 나무들로 막혀 있어요. 그래서인지 간센엔공원 안에 있으면 숲에 포근히 안겨 있는 듯한 기분이 든답니다. 여행길에서 조용히 쉬어갈 곳을 원한다면 분명 만족스러울 거예요. 살랑거리는 바람이 얼굴을 스쳐 지나가는 느낌도 좋고, 연못에서 고개를 내밀고 있는 자라나 물속을 한가로이 유영하는 잉어를 가만히 바라보기만 해도 행복해요.

간센엔공원 甘泉園公園

- 도쿄도 신주쿠구 니시와세다 3-5-5
- 3월~10월 AM 7 ~ PM 7
  11월~2월 AM 7 ~ PM 5
- 쉬는 날 : 없음

연못이 보이는 의자에 앉아 영화 〈냉정과 열정 사이〉 ost로 삽입된 '1997 spring'과 'history'를 눈 감고 들어 보세요. 몸과 마음을 한결 편안하고 따뜻하게 해줄 거예요.

열한 번째 · 오모카게바시역

1997
spring

history

미슐랭 가이드에 실린 야마구치 라멘

　야마구치(やまぐち) 라멘은 신주쿠에서 타베로그(일본 음식점 정보 제공 사이트) 평점 1위를 차지한 데다 미슐랭 가이드에도 실린 가게답게 그 명성에 걸맞은 맛을 자랑해요.

　이곳의 라멘은 맑은 국물에 차슈, 계란, 죽순이 올라가요. 면발,

차슈, 계란이 모두 알맞게 익어 입안에서 퍼지는 풍미가 좋아요. 손님이 늘 많아서 지나가는 사람들에게 방해가 되지 않도록 줄서는 방법이 그려져 있을 정도예요. 들어갈 순서가 됐다면 입구에 있는 자판기에서 원하는 라멘 종류를 골라 티켓을 사고, 점원에게 티켓을 건네면 라멘을 자리로 가져다 준답니다.

야마구치 라멘 やまぐち

- 도쿄도 신주쿠구 니시와세다 2-11-13
- AM 11:30 ~ PM 9
  Break Time PM 3 ~ 5:30
- 쉬는 날 : 월요일

둥근 모나카 이나호

1958년에 문을 연 이나호(いなほ)는 둥근 모나카만 만들기 때문에 원하는 개수만 말하면 바로 포장해서 가져갈 수 있어요.

야마구치 라멘에서 파는 780엔짜리 기본 라멘. 1개에 180엔인 이나호의 둥근 모나카. 서동시집에서 아이스로 주문한 290엔짜리 커피(위부터).

모나카(最中, もなか)에는 '보름달'이라는 뜻이 담겼는데, 이나호의 작은 원형 화과자는 보름달 모양을 지녀 그 뜻을 기억하기 좋아요. 이나호 모나카는 적당한 단맛과 푹신함이 잘 어우러져 선물용로도 손색없어요.

이나호 いなほ
◯ 도쿄도 신주쿠구 니시와세다 3-15-5
◉ AM 9 ~ PM 7   ✓ 쉬는 날 : 일요일

이나호 옆 서동시집

직접 원두를 볶아 커피를 내리는 서동시집(西東詩集)은 약간 괴짜 같은 분위기를 풍기는 사장님이 있어요. 혼자 오는 남자 손님이 많은 이 카페는 담배 냄새가 꽤 나는 편이라 오래 앉아 있긴 힘들어요.
저렴한 가격의 커피는 진하고 쓴맛이 강해서 바로 옆 가게인 이나호의 달달한 모나카와 함께 먹으면 궁합이 좋답니다. 그래서 두 가게가 짝꿍처럼 붙어있나 봐요.

서동시집 西東詩集
◯ 도쿄도 신주쿠구 니시와세다 3-15-5
◉ AM 11 ~ PM 8   ✓ 쉬는 날 : 없음

열두
번째
정거장

와세다역
早稲田

와세다역
早稲田

와세다역 둘러보기

1. 와세다역에서 내려 오른쪽 방향으로 횡단보도를 건너면 무사시노아부라학회가 있어요.
2. 무사시노아부라학회 뒤 쭉 뻗은 골목으로 들어가요.
3. 우체국을 지나 오른쪽으로 꺾고 갈림길에서 다시 왼쪽으로 꺾어요.
4. 서점을 지나면 다시 갈림길이 나오는데, 기념품 가게와 학생식당을 가려면 왼쪽 길로 가요.
5. 돌아 나와 시계탑 맞은편에 있는 큰 나무길로 들어가요.
6. 와세다대학 남문으로 나와 길을 건너 골목으로 쭉 들어가면 길 끝에 D-Style Tokyo가 있어요.
7. D-Style Tokyo에서 나와 오른쪽으로 꺾어 쭉 걸어가면 JR 와세다역 3a 출구가 나와요.

| 오모카게바시역 | ▶▶▶ | 와세다역 |
| 面影橋 | | 早稲田 |

아라카와선 종점
여운 남는 와세다역

미노와바시역에서 전차를 타고 한 시간을 달리면 와세다역이 나와요. 하지만 여기저기 들르다 보니 하루가 꼬박 걸려 와세다역에 도착했네요. 아라카와선 종점인 와세다역에서 내려 조용한 골목길로 들어가 와세다대학 방향으로 걷다 보면, 예쁜 카페와 잡화점이 하나둘 눈에 들어와요.

와세다역 바로 앞에 있는 라멘 가게 무사시노아부라학회(武蔵野アブラ学会)는 식사 시간에 가면 늘 붐벼서 시간을 잘 맞춰가야 해요. 라멘 종류가 다양하고 맛도 있는 데다 늦게까지 공부하는 학생들을 위해 영

업을 새벽 2시까지 한다는 장점이 있어요. 밤늦은 시간에 출출해진다면 여기서 라멘 한 그릇을 뚝딱 비우고 가도 좋답니다.

무사시노아부라학회 武蔵野アブラ学会

♡ 도쿄도 신주쿠구 니시와세다 1-18-12
⊙ AM 10:30 ~ AM 2　　✓ 쉬는 날 : 없음

긴조안의 인기 메뉴. 텐동과 소바 세트는 1500엔(왼쪽), 가쯔동은 800엔. 가쯔동과 함께 시원한 소바를 맛보고 싶다면 250엔을 추가하면 된다.

한 끼 밥이 든든한 긴조안

와세다역에서 무엇을 먹을지 고민하다가 하나만 골라야 한다면, 긴조안(金城庵)의 텐동(天丼)을 추천해요. 긴조안은 1919년에 문을 연 오래된 가게예요. 실내가 꽤 넓은데도 식사 시간이 되면 손님이 가득 찰 정도로 인기가 많아요.

큰 새우가 올라간 텐동과 소바 세트는 푸짐한 양을 자랑해요. 입안에서 통통한 새우가 터지는 식감도 좋고요. 새우보다 고기를 좋아한다면 가쯔동(かつ丼)도 괜찮아요. 적당히 고슬한 밥

과 잘 튀긴 돈까스 그리고 부드러운 달걀소스가 잘 어울리거든요. 밥 한 끼를 든든하게 먹고 기분 좋게 일어서요.

긴조안 金城庵

♡ 도쿄도 신주쿠구 니시와세다 1-18-15
⊙ 평일 AM 11:30 ~ PM 10 / 일요일 AM 11:30 ~ PM 8:30 / Break Time PM 3 ~ 5
✓ 쉬는 날 : 없음

깔끔한 주먹밥 오무스비차야

긴조안에서 쭉 걸어가다 만난 오무스비(주먹밥) 전문 가게 오무스비차야(おむすび茶屋). 가게 안 쇼케이스에 가지런히 놓인 주먹밥이 어떤 맛일지 궁금해서 한 개를 샀어요. 주먹밥 가격은 대부분 150엔에서 200엔 사이예요. 주먹밥 종류가 많아서 고르는데 한참 걸렸답니다. 오무스비차야에서 파는 주먹밥은 간이 심심해서 맛이 깔끔해요. 강한 맛을 좋아한다면 약간 허전할 수도 있을 거예요.

시간이 충분하지 않거나 야외에서 여유롭게 식사를 즐기고 싶을 때, 오무스비차야에서 산 주먹밥과 쥬스를 들고 와세다대학 시계탑 계단에 앉아 간단히 식사를 하며 대학 분위기를 즐겨도 좋답니다.

오무스비차야 おむすび茶屋
♡ 도쿄도 신주쿠구 니시와세다 1-9-13
⏲ AM 11:30 ~ PM 7:30   ✓ 쉬는 날 : 일요일

Unishop&cafe 125 그리고 학생식당

Unishop&cafe 125에서는 와세다대학 기념품을 살 수 있어요. 와세다대학 학생 아니더라도 학교 로고가 새겨진 소품 하나쯤 사보는 작은 사치를 누려 볼까요? 음료를 마시지 않더라도 물건들을 구경할 수 있으니 잠깐 들러 보세요.

와세다대학까지 왔으니 학생식당에서 식사를 해보는 것도 좋아요. 카페에서 나와 오쿠마가든 쪽으로 걸어가면 학생식당이 나와요.

학생식당의 음식은 휴게소 음식처럼 즉석 요리로 준비되지만, 음료를 포함한 식사 비용이 500엔 정도라 부담 없이 한 끼를 즐길 수 있어요.

간단한 이용 방법이 적힌 안내판을 보고 순서대로 식판을 들고 들어가 원하는 음식을 주문하고 음료까지 모두 선택한 후, 계산을 하고 식사를 하면 돼요.

와세다대학을 지키는 하얀 뭉치 고양이도 한번 찾아보세요. 한가로이 햇볕을 쬐고 있는 이 고양이는 이름이 뭘까요?

Unishop&cafe 125
- AM 8:30 ~ PM 7:30
- 쉬는 날 : 없음

와세다대학 학생식당
- 평일 AM 11:15 ~ PM 7:50
  토요일 AM 11:15 ~ PM 3:15
- 쉬는 날 : 일요일

천천히 둘러보는 와세다대학

　와세다대학은 1882년에 개교해 130년이 넘는 전통을 가지고 있어요. 그 시간 동안 함께 자라나 건물 높이를 훌쩍 넘긴 메타세콰이어는 지금껏 도쿄에서 보던 작은 나무들과는 다른 웅장함을 전해 주지요. 와세다대학의 정경대, 법대, 역사박물관 등은 건물 자체만으로도 어떤 아우라를 뿜어내는 듯해요.

열두 번째 · 와세다역

학교 곳곳을 가만히 보고 있으면 춤을 추는 학생, 악기를 연주하는 학생, 열띤 토론을 하는 학생들이 눈에 들어와요. 넘치는 힘과 활기찬 기운이 묻어나는 대학 풍경은 언제나 '젊음'이란 선물을 느끼게 해줘요. 열정 가득한 학생들을 보며 대학 캠퍼스를 걸을 때면, 다시 학교에 다니고 싶다는 생각도 들었답니다. 시간을 되돌릴 수 있다면 아마 예전보다 조금은 더 잘할 수 있지 않을까요?

와세다대학을 설립한 오쿠마 시게노부의 동상 앞 의자에서 시계탑 쪽을 바라보는 전망도 괜찮아요. 길고도 짧았던 하루를 정리하기에 아주 좋은 곳이지요. 낮뿐만 아니라 밤의 캠퍼스도 낭만이 가득하답니다.

열두 번째 · 와세다역

시간을 붙잡아 두고픈 오쿠마 시계탑

　와세다대학 캠퍼스 안으로 들어서면, 제일 먼저 오쿠마 기념관이 눈에 띄어요. 햇살 좋은 날에는 오쿠마 기념관 시계탑 앞 계단에 앉아 쉬어가면 참 좋아요. 이곳에 앉아 있으면 몸과 마음이 더 느긋해져요. 지나가는 사람들을 구경하는 것도 좋고, 눈을 감고 바람을 맞는 것도 좋답니다. 이유없이 이 시간이 좋은 이유가 뭘까요? 어쩌면 정신없이 지나간 대학 생활이 그리워서일지도 모르겠어요. 또 어쩌면 내일이면 다시 일상으로 돌아가야 한다는 마음이 들어서일지도 모르겠고요. 반복되는 하루하루 속에서 자유롭게 여행하는 오늘이 정말 소중하게 다가와요. 그래서인지 이 시계탑 앞에 있을 때면 '시간이 조금 더 천천히 갔으면…' 하는 바람이 생긴답니다.

프랑스 전통 과자점 D-Style Tokyo

와세다역에는 도쿄메트로가 다니는 역이 따로 있어요. 숙소로 돌아가려면 아라카와선보다는 도쿄메트로가 연결성도 좋고 속도도 빨라서 편해요.

도쿄메트로 와세다역으로 가는 길가에 D-Style Tokyo가 있어요. 이곳은 사계절 일본 식재료를 사용해 프랑스 전통 방식으로 빵을 만드는 케이크 전문 카페예요.

학사모 모양 케이크가 유명해서 이곳에 들렀어요. 이곳은 케이크 전문점이어서 한 명당 케이크 한 조각을 무조건 주문하는 게 원칙이에요. 케이크 한 조각이 400엔 정도라 커피 한 잔 가격과 비슷해서 큰 부담은 없답니다.

음료는 케이크 주문 시 세트로 주문할 수 있어요. 온전히 케이크

의 맛만 느끼고 싶다면, 음료를 주문하지 않아도 되고요. 프랑스 전통 과자점답게 사브레 등 과자류도 맛있어요. 접시에 예쁘게 세팅되어 나오는 달콤한 케이크를 한입 베어 물면 다시 일상으로 돌아가 열심히 살아갈 힘이 충전되는 느낌이에요.

케이크를 맛있게 다 먹고 가게를 나서며 남편에게 말했답니다.

"다음에는 하루 동안 도쿄의 어디를 가볼까?"

케이크와 음료 세트는 830엔, 과자와 음료 세트는 640엔.

D-Style Tokyo
- 도쿄도 신주쿠구 도쓰카마치 1-102
- AM 10:30 ~ PM 8:30   ✓ 쉬는 날 : 일요일

마치며

　책을 준비하며 일 년 동안 아라카와선을 많이도 탔어요. 몇 번을 타도, 또 언제 타더라도 노면전차는 기분 좋은 설렘을 선물하지요. 여유가 있다면, 한 번 더 전차를 타보는 건 어떨까요? 좋아하는 음악을 들으며 거쳐온 역들을 되새겨보고, 전차를 타고 내리는 사람들의 모습을 보면서 말이에요. 분명 도쿄를 더 가까이에서 느낄 수 있는 멋진 하루가 될 거예요.

　이 책을 보는 분들이 여행을 어떤 곳에서 끝맺음 하든, 노면전차를 처음 마주했을 때 느꼈던 설렘이 하루 동안 간직되었으면 해요. 그 설렘 위로 펼쳐진 아라카와 여행이 또 다른 모습의 도쿄를 발견하게 해주었기를 진심으로 바란답니다.

서교동 언니는 ￥5000으로 이렇게 하루를 보냈어요

Course 1
￥4790

Start!

미노와바시역
09:00
조이풀 미노와 구경하며 토리후지에서 고로케 먹기(180엔) ▶ 아라카와선 일일 승차권 구매(400엔)

▶ **아라카와니초메역**
09:30
아라카와 자연공원 산책하며 음악 들은 후 놀이터와 큰 나무길 거쳐 아라카와나나초메역까지 걷기

▶ **마치야에키마에역**
11:00
스즈키제작소 찾아가며 주변 골목길 구경하기 ▶ 스즈키제작소에 들러 런치 세트로 함박 스테이크 먹기(800엔)

고신즈카역
15:40
고신즈카 거리 구경하고 파이트 교자 먹기(450엔) ▶ 드럭 스토어 구경하기 ▶ 히다마리야에서 잠시 쉬기

◀ **다키노가와잇초메역**
14:50
주말이라면 키라라에서 스테이크 세트 먹기(1890엔) ▶ 기찻길에 핀 동백꽃 감상하며 천천히 걷기

◀ **오지에키마에역**
13:20
호쿠토피아 전망대 올라가기 ▶ 친수공원 산책하기 ▶ 아스카루고 타고 아스카야마공원 산책하기

◀ **아라카와 유엔치마에역**
12:00
아라카 유원지 한 바퀴 돌고 동물 먹이 주기(200엔) ▶ 후쿠센에서 타코센 먹기(100엔)

기시보진마에역
17:20
기시보진 입구 700살 은행나무와 기시보진 구경하고 카미카와구찌야에서 간식 먹기(200엔)

▶ **오모카게바시역**
18:00
〈시간을 달리는 소녀〉에 나온 거리 구경하기 ▶ 간센엔공원 산책하면서 음악 듣기

▶ **와세다역**
19:00
우체국 들러 엽서 보내기(90엔) ▶ 와세다대학 캠퍼스 구경하기 ▶ 시계탑에 앉아 쉬기

▶ **Finish!**
아라카와 유엔치마에역
20:30
치에리에 들러 비엔나 소시지 몬쟈 먹기(480엔) ▶ 숙소로 돌아가기

지출경비		
토리후지 고로케 ¥180	후쿠센 다코센 ¥100	엽서 우표 ¥90
일일 승차권 ¥400	캬라 스테이크 ¥1890	치에리 몬쟈 ¥480
스즈키제작소 런치 ¥800	파이트 교자 ¥450	
아라카와 유원지 ¥200	카미카와구찌야 간식 ¥200	Total ¥4790

▶ 와세다 방면　▶ 미노와바시 방면

Course 2
🚋
¥4390

Start!

마치야에키마에역
08:45
마치야에키마에역의 스즈키제작소에서 모닝세트 먹기(300엔) ▶ 일일 승차권 구매(400엔)

▶ **아라카와니초메역**
09:40
아라카와 자연공원 산책하며 음악 들은 후 놀이터와 큰 나무길 거쳐 아라카와나나초메역까지 걷기

▶ **아라카와 잇추마에역**
10:40
미노와바시역 방향으로 걸으며 조이풀 미노와 구경하고 스나바에서 기본 소바 먹기(600엔)

▼

오쓰카에키마에역
16:00
전찻길 천천히 걷기 ▶ 센나리 모나카에서 모나카 먹기(100엔) ▶ 센야에서 계란말이 먹기(300엔)

◀ **오지에키마에역**
14:00
호쿠토피아 전망대 올라가기 ▶ 키소바에서 우동 먹기(240엔) ▶ 아스카루고 타고 아스카야마공원 산책하기

아라카와 샤코마에역
13:30
주말이라면 내려서 차고지 구석구석 구경하기 (주중이라면 전차 안에서 지나가며 구경하기)

◀ **아라카와 유엔치마에역**
12:00
아라카와 유원지 한 바퀴 돌고 동물 먹이 주기(200엔) ▶ 후쿠센에서 타코센 먹기(100엔)

▼

오모카게바시역
16:45
〈시간을 달리는 소녀〉에 나온 거리 구경하기 ▶ 간센엔공원 산책하면서 음악 듣기

▶ **와세다역**
18:00
오무스비차야에서 주먹밥 한 개 사서(200엔) 와세다대학 캠퍼스 구경하기 ▶ 시계탑에 앉아 쉬기

▶ **고신즈카역**
19:00
고신즈카 거리 구경하다 파이트 교자 먹기(450엔) ▶ 드럭 스토어 구경하기 ▶ 사쿠라 온천까지 걸어가기

Finish!
-
21:00
사쿠라 온천 입장하기(1500엔)
※지하철 시간 감안해 10:20에는 나올 것 ▶ 숙소로 돌아가기

지출경비			
일일 승차권 ¥400	후쿠센 다코센 ¥100	오무스비차야 주먹밥 ¥200
스즈키제작소 모닝 ¥300	키소바 우동 ¥240	파이트 교자 ¥450
스나바 소바 ¥600	센나리 모나카 ¥100	사쿠라 온천 ¥1500
아라카와 유원지 ¥200	센야 계란말이 ¥300	Total ¥4390

¥5000으로 즐기는 당신만의 하루를 만들어 보세요

Course 1

Start!

Finish!

지출경비

Course 2

Start!

지 출 경 비

아라카와선 타고 5000엔으로 즐기는
하루 도쿄 산책

1판 1쇄 발행 2017년 5월 30일

지은이 윤선, 최문아

펴낸이 이완
편집주간 조성일
책임편집 박혜강 | **디자인** 김나래 | **일러스트** 하선경

펴낸곳 삶은책 | **등록** 2016년 4월 12일(제2016-000031호)
주소 (우) 04043 서울시 용산구 한강로 85번지 리슈빌 B101호
전화 02-749-4612(대표) 02-749-4613(편집) | **팩스** 02-749-4614
전국총판(영업 및 마케팅) 인터하우스 02-6015-0308 | **팩스** 02-3141-0308
공식 블로그 lifeplusbook.blog.me
Email lifeplusbook@gmail.com | **instagram** lifeplusbook

ISBN 979-11-961026-0-9 13910

- 이 책의 저작권은 지은이와 삶은책에 있습니다. 저작권법에 의해 보호를 받는 저작물이므로 무단 복제 및 무단 전재를 금합니다. 이 책 내용의 전부 또는 일부를 이용하려면 반드시 지은이와 삶은책의 서면 동의를 받아야 합니다.
- 잘못 만들어진 책은 구입처에서 바꿔 드립니다.
- 책값은 뒤표지에 표시되어 있습니다.
- 이 도서의 국립중앙도서관 출판예정도서목록(CIP)은 서지정보유통지원시스템 홈페이지(http://seoji.nl.go.kr)와 국가자료공동목록시스템(http://www.nl.go.kr/kolisnet)에서 이용하실 수 있습니다. (CIP 제어번호: CIP2017012092)